Alfred Pennrich

Die Urkundenfälschungen des Reichskanzlers Kaspar Schlick

Nebst Beiträgen zu seinem Leben

Alfred Pennrich

Die Urkundenfälschungen des Reichskanzlers Kaspar Schlick

Nebst Beiträgen zu seinem Leben

ISBN/EAN: 9783845790268

Erscheinungsjahr: 2012

Erscheinungsort: Bremen, Deutschland

www.unikum-verlag.de | office@unikum-verlag.de

Alfred Pennrich

Die Urkundenfälschungen des Reichskanzlers Kaspar Schlick

Nebst Beiträgen zu seinem Leben

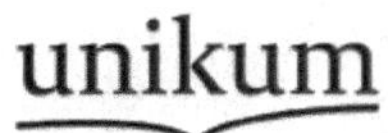

DIE URKUNDENFÄLSCHUNGEN
DES
REICHSKANZLERS KASPAR SCHLICK
NEBST
BEITRÄGEN ZU SEINEM LEBEN.

INAUGURAL-DISSERTATION

ALFRED PENNRICH

GOTHA.
DRUCK VON FRIEDRICH ANDREAS PERTHES.
1901.

Es ist mir eine angenehme Pflicht, meinem hochverehrten Lehrer,

Herrn Prof. Dr. Aloys Schulte,

für die Anregung und Unterstützung, welche er mir bei der Anfertigung dieser Arbeit hat zu teil werden lassen, meinen herzlichsten Dank auszusprechen.

Der Verfasser.

I. Abschnitt.

Übersicht über das Leben Kaspar Schlicks nach den bisherigen Anschauungen.

Bei weitem das älteste unter den Grafengeschlechtern Böhmens ist das gräflich Schlicksche Haus. Während die anderen Geschlechter ihre Grafen- und Fürstentitel erst im 17. und 18. Jahrhundert erwarben, datieren die Grafen Schlick ihren Adel aus dem 15. Jahrhundert. Ihn verdankt die Familie ihrem bedeutendsten Angehörigen, dem Kanzler Kaspar Schlick, welcher dank seiner aufserordentlichen Begabung als der Kanzler Sigmunds, Albrechts II. und Friedrichs III. lange Zeit einen entscheidenden Einflufs auf die Politik ausübte.

Zahlreich, aber unvollkommen sind die Darstellungen des Lebens Kaspar Schlicks und seines Geschlechtes; die letzte gab im Jahre 1890 Franz v. Krones in der Allgemeinen Deutschen Biographie [1]).

Was die Herkunft und die älteste Geschlechtsfolge der Schlicks betrifft, so schliefst sich F. v. Krones Heinrich Gradl an, der sich eingehend mit dieser Frage beschäftigt hat [2]). Gegen Kneschke [3]), Schönfeld [4]), Joh. v. Müller [5]) u. a. sucht

---

1) Allgemeine Deutsche Biographie, Bd. XXXI, S. 505—510.

2) Heinrich Gradl, Zur Herkunft der Schlicke, Mitteilungen des Vereins für Geschichte der Deutschen in Böhmen, XX. Jahrgang, 1882, S. 347 ff.

3) Kneschke, Neues deutsches Adelslexikon, VIII. Band, S. 206.

4) Schönfeld, Adelsschematismus, I. Band, S. 192.

5) Joh. v. Müller, Geschichte der schweizerischen Eidgenossenschaft, III. Band, II. Abtl., S. 425.

er nachzuweisen, daſs das Geschlecht aus dem Voigtlande, nämlich aus der Gegend von Zwickau und Plauen, stammt und gegen das Ende des 14. Jahrhunderts in das Egerland eingewandert ist. Dann hat sich, nach seiner Darstellung, ein Zweig der Familie in Wunsiedel, ein anderer in Eger niedergelassen. Stammvater des reicheren Wunsiedler Zweiges der Schlicks war — ich folge hier durchweg Krones und Gradl — Nikolaus Schlick. Auf Adorf im Voigtlande weist das Testament einer Frau Anna Gunerauerin geb. Schlick, Bürgerin zu Eger; sie setzt eine Geldsumme aus, falls ihr Bruder eine ewige Pietanz zu Adorf stiften würde. Die Errichtung einer Pietanz zu Adorf läſst darauf schlieſsen, daſs Schlicks daselbst ansässig gewesen sind. Ferner führt Gradl aus, daſs die Bezeichnung de Lasan nicht von dem Dorfe Losau bei Eger herrühren kann, wie man bisher angenommen hat, denn die Schlicks haben nicht das ganze Dorf in Besitz gehabt. Andrerseits sind schon in der Mitte des 13. Jahrhunderts Schlicks in der Gegend von Plauen nachweisbar, so 1250, 1263, 1266. Die Bezeichnung Lasan stammt von dem zwischen Ölsnitz und Plauen gelegenen Ober-Losau her; sie weist ebenfalls auf die Herkunft der Schlicks aus dem Voigtlande hin.

In Eger, fährt F. v. Krones in seiner Darstellung fort, erscheint zuerst 1394 ein Heinrich Schlick in den Stadtbüchern. Er war der Gatte einer hochadligen Italienerin, Constanze, Tochter des Grafen von Colalto. Aus dieser Ehe gingen fünf Söhne hervor: Nikolaus, Kaspar, Matthäus, Heinrich, Franz. Die Zukunft des Geschlechtes begründete der zweite, Kaspar, dessen Geburtsjahr ungewiſs ist, der aber vor seiner Mündigkeit bereits von der Stadt Eger abwesend gedacht werden muſs, da er nicht in den Losungsbüchern der Stadt vorkommt.

Unter den Zeitgenossen, welche sich über Kaspar Schlick geäuſsert haben, führt Krones Eberhart Windecke und Äneas Sylvius an. Ersterer sagt über ihn [1]):

1) Eberhart Windeckes Denkwürdigkeiten zur Geschichte des Zeitalters Kaiser Sigmunds, ed. Dr. Wilhelm Altmann, Berlin 1893, S. 380f.

„Kasper Slick was eins burgers son von Eger und was zu dem keiser komen, do man schreip 14 hundert 16 jor also er noch Romischer konig was. Zu der Zit was bischof Jorg von Passauwe Romscher kanzler, was einer von Hohenloch; do der starp, do wart einer kanzeler, der hieſs Johan bischof zü Agram in der Windeschen marg und waz geborn von Meisenheim bi Crúznach und waz einer von Ellenbogen oder von Sulzbach; bi dem lernte Casper Slick, das er underkanzler wart. also do nü der keiser zü hohen Synn lag und mit dem bobest und den Venedigern und den Florenzern wol eins wart und gon Rome wolt, als er ouch det, do macht der keiser Casper Slick zu eime Römschen canzler und macht in zu einem friherrn und slug in selber ritter; und ward der selbe Casper so mechtig, daz er im die pflege zü Eger gap und darnoch das huſs und die stat zum Ellenbogen. und also reit derselbe Casper Slick Romscher kanzeler von dem Romschen keiser zu Regenspurg gon Eger und Ellenbogen. und gehort ieman, das eins burgers sun zu Dutschen landen so mechtig worden?“

Äneas Sylvius berichtet über Kaspar Schlick [1]):

„. . . Inter quos Gaspar Slichius princeps fuit, matre Italica ex comitibus Alti collis agri Tharvisini, patre Theutonico natus, ex familia Lazana provinciae Franconiae, ingenio dextro, facundia suavi, doctrinae cultor, ad omnia genitus, quaecunque ageret. Quem usque adeo fortuna et virtus extulit, ut quod erat prius inauditum, trium Cesarum succesive regnantium cancellariae praefuerit, unus ex ducibus Slesiae filiam sibi in matrimonium tradere non recusavit. Sigismundus illi Egram et Cubitum et alia in Franconibus oppida dono dedit. Albertus in Hungaria Calesium et Albam ecclesiam, Fredericus in Austria Graecium. Versatile profecto ingenium et naturae bonitas singularis, quae inter tot imperatores, moribus prorsus dispares, pari gratia vivere potuit. Nos huius amicitia in curia Frederici Caesaris usi,

1) Aeneas Sylvius Piccolomini, Historia Bohemica, cap. LIII, Editio Basil. 1551, p. 124, Zeile 4 v. o. ff.

si quid profecimus quod scimus quam tenue est, adiumento eius consecuti sumus, Episcopatum certe Tergestinum, unde reliquae dignitates provenere, ipse nobis primus committi curavit. Mortuus est Viennae ex apoplexia et apud Carmelitas cum coniuge sepultus."

Ferner giebt Krones an, dafs Kaspar Schlick sich seine wissenschaftliche Bildung im Hause der Mutter und besonders in Bologna geholt habe, wo er mit dem bekannten Kanonisten Zabarella, einem Freunde seines mütterlichen Hauses, in Verbindung stand. In die Kanzlei Sigmunds trat er 1416 ein und wurde in den Kanzleidiensten von dem Agramer Bischof Eberhard unterwiesen. Die Erzählung von einer feurigen Protestrede Kaspar Schlicks auf dem Konstanzer Konzil gegen die Verbrennung von Hufs und Hieronymus von Prag weist Krones natürlich in das Reich der Fabel. Keine einzige der gleichzeitigen Quellen thut ihrer Erwähnung. Kaspar Schlick kam schnell empor. Er hatte einen wesentlichen Anteil an der Heirat der einzigen Tochter und Erbin Sigmunds, Elisabeth, mit Herzog Albrecht V. von Osterreich; sie fand am 19. April 1422 in Wien statt, woselbst auch am 16. Juli 1422 die Erhebung Schlicks in den Reichsfreiherrnstand vollzogen wurde. In den folgenden Jahren nahm er sehr thätigen Anteil an der Politik Sigmunds, so besonders in den Verhandlungen mit den Häuptern der Hussiten. Im Herbst 1430 war er auf dem Nürnberger Reichstage, woselbst ihm die Nürnberger 40 und dann 150 Gulden als „Erung" widmeten, wie er überhaupt Geschenken nicht unzugänglich war. Im Herbst 1431 begleitete er Sigmund nach Italien; in Siena hielt sich der kaiserliche Hofstaat neun Monate auf. Hier knüpfte Kaspar ein Liebesverhältnis mit einer schönen Frau an, welches später Äneas Sylvius den Stoff zu dem bekannten erotischen Roman „Amores Euryali et Lucretiae" gab.

Im Jahre 1433 wurde Kaspar Schlick oberster Kanzler der kaiserlichen Kanzlei, nachdem er schon am 21. August 1431 vom Könige Burg und Stadt Bassano erhalten hatte, wonach er immer Graf v. Passaun heifst. Am

31. Mai 1433 wurde Sigmund zum Kaiser gekrönt; die Verhandlungen mit Papst Eugen, welche der Krönung vorangingen, hatte Kaspar Schlick geführt. Als Vertrauensmann des Kaisers nahm er wichtigen Anteil an den Verhandlungen mit dem Baseler Konzil und den Hussiten; sie betrafen hauptsächlich den kirchlich politischen Ausgleich, der die Anerkennung des böhmischen Königtums Sigmunds und den kirchlichen Frieden durch die Baseler Kompaktaten zum Gegenstande hatte. Kaspar Schlick blieb seinem Herrn zur Seite, bis am 9. Dezember 1437 der letzte Luxemburger starb. Der Kanzler wie seine Brüder verloren in ihm den freigebigsten Gönner, der es an Ehren und Vergabungen nicht hatte fehlen lassen. Am 13. Juli 1433 hatte er ihm eine Wappenverbesserung erteilt, am 8. August ihm und seinen Brüdern Matthäus und Heinrich das grofse Palatinat verliehen. Am 27. Januar 1434 wurden seine Brüder in den Freiherrnstand, am 30. Oktober wurde er zum Reichsgrafen von Passaun erhoben. Ferner erhielt er die Burggrafschaft (Pflegschaft) zu Eger in Pfandbesitz, desgleichen Falkenau, Ellenbogen, Engelsberg, Schlackenwert, Lichtenstädt im Egerlande. Er heiratete 1437 Agnes, die Tochter des Herzogs von Öls-Cosel.

Auch bei Albrecht II. stand Kaspar Schlick in hohem Ansehen; besonders seinen Bemühungen hatte Albrecht seine Wahl zum ungarischen und deutschen Könige zu danken. Desgleichen übte er unter Friedrich III. entscheidenden Einflufs auf das politische Leben aus. Nachdem er seit dem Herbste 1442 nach der Rückkehr Friedrichs aus Florenz die Leitung der deutschen Geschäfte erhalten hatte, lenkte er sie immermehr zu gunsten der Sache des Papsttums. Die Wendung der Kirchenpolitik Friedrichs III. zum Papste Eugen ist zum grofsen Teil auf seinen Einflufs zurückzuführen. Aber allmählich sank doch des Kanzlers Macht, da es den Vertrauten des Habsburgers Ungnad, Zebinger, Neidberg mehr und mehr gelang, seine Stellung zu untergraben. Namentlich schadete er sich viel durch das Streben, seinen Einflufs für seinen und seiner Brüder persönlichen

Vorteil auszubeuten. Die endgültige Veranlassung zu seinem Sturze bot der Streit um das Freisinger Bistum, welches er gegen jedes Recht seinem Bruder Heinrich zuwenden wollte. Deshalb fiel er 1448 in Ungnade; er starb zu Wien am Schlage und wurde an der Seite seiner Gattin bei den Karmelitern beigesetzt. Ein Sohn, Sigmund, überlebte ihn; er war ohne jede Bedeutung und verschwindet seit 1478 völlig. Eine Tochter Konstänze war die Gattin des böhmischen Adelsherrn Bohuslaw von Schwarzenberg.

Soweit reicht der Überblick, welchen Franz v. Krones über das Leben Kaspar Schlicks giebt. Er zeigt im wesentlichen den bisherigen Stand der Kenntnis über diesen von der geschichtlichen Forschung noch sehr vernachlässigten Mann. Zur Ergänzung mag die Darstellung Georg Voigts über die Freisinger Angelegenheit dienen [1]).

Kaspar Schlick war im Sommer 1442 mit Magister Ulrich in Florenz gewesen, um infolge des Frankfurter Reichstagsbeschlusses über ein drittes schiedsrichterliches Konzil zu verhandeln. Hier erhielt er vom Papste Eugen die Zusicherung, daſs er des Papstes Gunst fühlen solle, besonders daſs man bei erster Gelegenheit seinen Bruder mit einem Bistum versorgen werde. Eugen wollte den König Friedrich auf seine Seite herüberziehen; er kannte den mächtigen Einfluſs des Kanzlers und suchte diesen durch jene Verheiſsungen für sich zu gewinnen. Als am 13. August 1443 der Bischof Nicodemus della Scala von Freising starb, schrieb Kaspar Schlick sofort an den Papst, indem er ihn energisch an seine Versprechungen erinnerte und ihm mitteilte, der König wünsche Heinrich Schlick als Bischof von Freising [2]). Schon am 1. Dezember 1437 hatte er Sigmund veranlaſst, dem Freisinger Domkapitel mitzuteilen, daſs er von dem Rechte der ersten Bitten zu gunsten des Heinrich Schlick Gebrauch mache [3]).

---

1) Georg Voigt, Enea Silvio de' Piccolomini, als Papst Pius II. und sein Zeitalter, Berlin 1856, I. Band, S. 309 ff.

2) Brief vom 16. August 1443; vgl. G. Voigt, I. Band, S. 447, Beil. III.

3) Regesta Imperii XI. Die Urkunden Kaiser Sigmunds (1410—1437), verzeichnet von Wilhelm Altmann, Innsbruck 1896—1900, Nr. 12203.

Aber das Freisinger Domkapitel hatte ganz andere Wünsche. Es wählte einstimmig den Kardinal Johann Grünwalder, einen Anhänger des Papstes Felix V. Er war ein natürlicher Sohn des Herzogs Johann von Bayern-München, Doktor des geistlichen Rechtes und längst Kanonikus an der Freisinger Kathedrale. Der Erzbischof von Salzburg als Metropolit bestätigte die Wahl, und auch die bayrischen Fürsten wünschten ihn zum Bischof. Trotz alledem setzte Kaspar Schlick seine Bemühungen für seinen Bruder fort. Wenn er vom Hofe abwesend war, führte die Angelegenheit Äneas Sylvius, „sein nützlicher Freund, der mehr als der ehrliche zu gefallen pflegt“ [1]); Äneas war um diese Zeit mehrere Jahre in der Kanzlei Friedrichs beschäftigt. Er schrieb auch Briefe für Heinrich Schlick, z. B. an den Kardinal d'Allemand: die Baseler müſsten sich einen solchen Fürsten, auf den jetzt aller Augen gerichtet seien, günstig erhalten, sonst zwängen sie ihn, einen anderen Weg einzuschlagen; man wisse ja, wie der Kanzler das rechte Auge und die rechte Hand des Königs sei; gewinne man den, so dürfe das Konzil auf dem bevorstehenden Nürnberger Tage auf eine Majorität rechnen und sich für geborgen halten. Trotz dieser Bemühungen und obgleich viele fürchteten, durch die Wahl Grünwalders den König Friedrich zu reizen, wurde jener doch am 13. November 1443 vom Konzil feierlich als Bischof von Freising bestätigt. Diese Entscheidung beleidigte Kaspar Schlick und den König; sie trug wesentlich dazu bei, diesen vom Konzil abzuziehen und dem Papste Eugen näher zu bringen. Trotzdem lieſs Eugen lange mit den Bestätigungsbriefen warten; erst nach vielen Bemühungen des Kanzlers schickte er sie im Januar 1444. Im März desselben Jahres wurden beide Kandidaten nach Neustadt berufen, um ihre Rechte vor dem Könige zu verteidigen. Für Heinrich Schlick sprach der Kanzler, natürlich seinen Gegner in der Kunst der Rede gewaltig übertreffend. Jahrelang wogte der Kampf

---

1) Brief des Äneas vom 1. November 1443. Editio Basil. No. 26, p. 519, Zeile 14 v. o.

hin und her, auf dessen Einzelphasen mit den wechselnden Aussichten der Parteien einzugehen zu weit führen würde. Die Entscheidung fiel am Ende des Jahres 1447 oder Anfang 1448. Während noch im Mai 1446 Friedrich von den Bürgern von Waidhofen an der Ibbs die Anerkennung Heinrichs als Bischof von Freising verlangte [1]), verlieh er am 23. Mai 1448 dem Bischof Johann von Freising die Regalien und Reichslehen seines Stiftes und bestätigte ihm die Privilegien und Gerechtsame desselben [2]). Ja, er verwendete sich sogar für diesen beim Papste Eugen; er bat ihn, er möge väterlich verzeihen, wenn dieser Bischof (Grünwalder) einst den Dogmen gewisser Leute nicht mit Hartnäckigkeit widerstanden habe, sondern mit wohlmeinender Leichtgläubigkeit gefolgt und den apostolischen Befehlen ungehorsam erschienen sei. Heinrich Schlick sei ihm aus verschiedenen Gründen als Bischof unerträglich [3]). Am 10. September nahm Friedrich den Bischof Johann von Freising und sein Stift samt den Leuten und Gütern desselben in Schutz und Schirm [4]). Am 30. Dezember 1448 befahl er den Bürgern und Leuten zu Waidhofen an der Ibbs, dem Bischof Johann von Freising, seinem Rat, Gehorsam zu schwören [5]).

Damit liefs er also Heinrich Schlick fallen; der Grund dazu lag in dem Verhältnisse des Königs zu seinem Kanzler.

1) Joseph Chmel, Regesta Chronologico-Diplomatica Friderici IV Romanorum Regis (Imperatoris III), 1440—1493, II. Abtl., Nr. 2090.

2) Ebend. Nr. 2446. 2447.

3) Brief vom 1. Juni 1448. Im Codex latinus 12725 der Hofbibliothek zu München. Vgl. G. Voigt, I. Band, S. 320.

4) Chmel, Regesta, Nr. 2480.

5) Ebend. Nr. 2525.

II. Abschnitt.

Kenntnis der Familie Schlick, besonders Kaspar Schlicks, nach dem neuen Material.

Die Darstellung, welche Franz v. Krones von der Familie Schlick, besonders von Kaspar Schlick, giebt, läfst sich aber noch wesentlich vervollständigen. Die Arbeiten von Heinrich Gradl, dem Stadtarchivar in Eger [1]), die von Wilhelm Altmann herausgegebenen Regesten der Urkunden Kaiser Sigmunds, der soeben erschienene X. und XI. Band der Reichstagsakten u. a. geben viel bis dahin unbenütztes Material.

So können wir die persönlichen Verhältnisse Kaspar Schlicks, seiner Eltern und Geschwister in manchen Punkten genauer erkennen als früher. Es wird sich dabei ergeben, dafs die Fundamente der bisherigen Darstellung sehr bedenklich sind. Wir werden ganz von selbst zur Entdeckung von Fälschungen geführt werden und ihren Urheber in der Person des Kanzlers selbst finden. So wird sich das Bild dieses ersten Reichskanzlers, der ein Laie war, völlig verändern und wir werden den ungemeinen Amtsmifsbrauch näher erkennen. Die Untersuchung wird sich beschränken auf die Klarlegung dieser neuen Punkte; der Versuch, eine

1) „Zur ältesten Geschichte der Schlick" von Heinrich Gradl, im Organ der k. k. heraldischen Gesellschaft „Adler", XVI. Jahrgang der Zeitschrift, XIII. des Jahrbuches, Wien 1886, S. 1—25. Ich werde diese Arbeit unter der Bezeichnung: Gradl, Adler mit der Nummer der betr. Urkunde citieren.

vollständige Biographie des Kanzlers zu geben, würde ihren Rahmen weit überschreiten.

1. Die Herkunft der Schlicks.

Wir werden auf Grund des Materials im „Adler“ an der Herkunft der Schlicks aus dem Vogtlande festhalten. Dafs die Bezeichnung de Lasan von dem Dorfe Losau herkommt, bestätigt auch die Notiz, welche unter dem Jahre 1432 in den Rechnungsbüchern der deutschen Nation über Matthäus Schlick steht; er heifst daselbst Matthaeus Slyk de Lasono [1]). Aufser der oben [2]) erwähnten Urkunde der Frau Anna Gunerauerin geb. Schlick weist eine Notiz [3]) im Schuldbuch von Eger II, 55 auf Beziehungen des Nikolaus Schlick nach Adorf. Ferner wird ein Hans Schlick am 17. August 1407 als ansässig daselbst erwähnt [4]).

2. Die ältesten Glieder der Familie, die Brüder Nikolaus und Heinrich Schlick.

Nach der Übersiedelung der Familie in das Gebiet von Eger können wir sie genauer verfolgen. Wir unterscheiden zwei Linien, von denen sich die eine in Wunsiedel, die andere in Eger niederliefs. Stammvater der ersteren ist Nikolaus Schlick [5]), der der letzteren sein Bruder Heinrich [6]). Nikolaus Schlick tritt 1413 zuerst als Bürger von Wunsiedel auf [7]); zum letztenmal erscheint er 1426 in den Akten des Archivs dieser Stadt [8]). Dann findet sich fünf Jahre später in Eger ein Niclas Schlick der Ältere; er ist 1431 Richter daselbst. Die beiden anderen nachweisbaren Nikolaus Schlick

1) Acta Nationis Germanicae, Universitatis Bononiensis, Berolini 1887, S. 180.

2) Vgl. oben S. 2 und Gradl, Adler, Nr. 235.

3) Gradl, Adler, Nr. 91.

4) Ebend. Nr. 22.

5) Ebend. Nr. 47.

6) Ebend. Nr. 47.

7) Ebend. Nr. 37.

8) Ebend. Nr. 105.

können damit nicht gemeint sein, denn der eine saſs damals noch dauernd im Rate, der andere, Heinrich Schlicks Sohn, heiſst nie Niklas Schlick der Ältere, sondern Niklas Schlick oder Niklas Schlick der Jüngere. Also ist jener Niklas Schlick der Ältere der Bürger aus Wunsiedel, ein Bruder Heinrich Schlicks. Seit 1432 wird er nicht mehr erwähnt. Das Haupt des Egerer Zweiges war Heinrich Schlick. Er erscheint in den Urkunden des Egerer Stadtarchivs zum erstenmal am 27. Juli 1395 [1]), wohnhaft auf der alten Judengasse. Vorher findet sich in den Losungsbüchern seit dem 22. August 1390 die Notiz: „Hanns Slick und sein geswistreid" oder „Hanns Slick und seine mutter, sein geswistreid", bis vom 27. Juli 1395 an Heinrich Schlick selbständig auftritt, während es von da an nur noch heiſst: „Slickin, Hans ihr sohn." Daraus zieht Gradl den Schluſs, daſs Heinrich Schlick das geswistreid ist und seit dem 27. Juli 1395 auf der alten Judengasse eine selbständige Wohnung bezogen hat. Wahrscheinlich ist der Slick, welcher am 17. August 1394 [2]) als wohnhaft auf der Judengasse erwähnt wird, Heinrich Schlick, so daſs er also schon seit dem 17. August 1394 als selbständig anzusehen ist. Aus diesen Notizen ergiebt sich, daſs die Mutter Heinrich Schlicks mit ihrem Sohne Hans zusammenwohnte, welcher ein älterer Bruder Heinrichs zu sein scheint. Dieser Hans verschwindet seit 1401 mit seiner Mutter aus den Egerer Urkundenbüchern und ist wahrscheinlich derselbe Hans Schlick, welcher seit 1407 in Adorf nachzuweisen ist [3]).

Seit 1394 wohnte also Heinrich Schlick auf der Judengasse [4]), von 1398—1408 in der Schlegelgasse [5]) und von 1409 an auf dem Rosenbühl [6]). Er war Kaufmann, der neben dem Tuchhandel auch andere geschäftliche Unternehmungen

1) Gradl, Adler, Nr. 5.
2) Ebend. Nr. 4.
3) Ebend. Nr. 22, vgl. S. 23.
4) Ebend. Nr. 4—7, vgl. S. 23.
5) Ebend. Nr. 8—10, 12—14, 17 u. s. w., vgl. S. 23.
6) Ebend. Nr. 26 u. s. w., vgl. S. 23.

betrieb; als Heimat einzelner Tuchstücke wird Brüssel [1]) und Löwen [2]) genannt. Am 20. Dezember 1415 verpfändete Johannes, Landgraf zu Leuchtenberg, für sich und seinen Vetter, den Landgrafen Georg, allen seinen Zoll, den er zu Eger hatte, und die Nutzniefsung desselben den Brüdern Heinrich und Niklas Schlick, Bürger zu Eger und Wunsiedel, um 97 gute alte rheinische Gulden [3]). Unter dem 19. Februar 1416 findet sich im Egerer Ratsherrenbuch I, 159 eine Notiz des Inhaltes, dafs Heinrich Schlick und seine Gesellschaft 170 Gulden schuldig sind [4]). Aus der ersten Urkunde sehen wir, dafs er Geldgeschäfte trieb, indem er sich den Zoll verpfänden liefs, d. h. ihn auf Lebenszeit pachtete; aus der zweiten Notiz, dafs er als Mitglied, vielleicht als Vorsteher einer Handelsgesellschaft jene geschäftlichen Unternehmungen vornahm. Ebenso findet sich eine Notiz vom Anfange des Jahres 1420, wo es heifst, dafs Heinrich Schlick und eine Neuenkirchnerin 75 Gulden um den zehnten Pfennig schuldig sind [5]); also wahrscheinlich hatten sie eine zehnprozentige Anleihe aufgenommen. Neben seiner Thätigkeit als Geschäftsmann ging die für die Stadt. Die Behörden, in deren Hand die Verwaltung Egers lag, waren der aus 19 Mitgliedern bestehende Rat und die äufsere Gemein (die Sechsunddreifsiger) [6]). 1401 war Heinrich Schlick der 18. von den Sechsunddreifsigern. Das letztvorausgehende noch erhaltene Wahlbüchlein zeigt ihn noch nicht. Da durchschnittlich jährlich ungefähr vier neue Mitglieder eintraten und das Nachrücken in genauer Reihenfolge stattfand, so mufs Heinrich Schlick schon vier bis fünf Jahre der äufseren Gemeinde angehört haben. 1411 wird er unter den 19 Ratsherren als der 15. aufgeführt; in dem vorausgehenden noch erhaltenen Wahlbüchlein von 1407 wird er nicht genannt, also mufs er un-

1) Gradl, Adler, Nr. 42, vgl. S. 23.
2) Ebend. Nr. 46, vgl. S. 23.
3) Ebend. Nr. 47, vgl. S. 23.
4) Ebend. Nr. 50.
5) Ebend. Nr. 60.
6) Ebend. Nr. 11 und 28.

gefähr in den Jahren 1408—1410 in den Rat gewählt worden sein. In seiner Eigenschaft als Ratsherr war er häufig beschäftigt; am 14. Juni 1411 nahm er vom Burggrafen Johann von Nürnberg und Herrn Eberhart Krempel 111 rheinische Gulden in Empfang [1]), im November 1412 erhielt er mit zwei anderen den Auftrag 400 Gulden dem Erhart Forster in Nürnberg zu bringen [2]). Auf einer Versammlung zu Nürnberg im März 1421 vertrat er die Stadt Eger [3]); desgleichen war er mit dem Bürgermeister und zwei anderen Ratsherren Vertreter der Stadt in einem Streite um Reichsforstteile [4]).

Das Bild, welches sich uns somit von Heinrich Schlick darbietet, ist das eines Bürgers, der durch eine umfangreiche Thätigkeit als Geschäftsmann wie als Mitglied der beiden städtischen Verwaltungskörper sich eine angesehene Stellung in Eger zu erwerben wufste. Die Angabe Kneschkes [5]), Schönfelds [6]), Wurzbachs [7]) u. a., er sei aus altem Adel entsprossen, wird dadurch ebenso widerlegt, wie durch die Worte Eberhart Windeckes: „Kasper Slick was eins burgers son von Eger", und etwas später: „und gehort ieman, das eins burgers sun zu Dutschen landen so mechtig worden?" Den Tod Heinrich Schlicks setzt Gradl in die Zeit zwischen dem September 1425 und den Anfang des Jahres 1426. September 1425 erscheint er noch in den Ausgabelisten der Stadt [8]), 1426 fehlt er in den Ratslisten. Wahrscheinlich ist er vor dem 16. November 1425 gestorben; unter diesem Datum steht im Schuldbuch eine Notiz [9]), dafs Heinrichs Gemahlin ihrem Vater eine Klage aufgetragen hat. Da sich

1) Gradl, Adler, Nr. 29.
2) Ebend. Nr. 34; Chroniken der Stadt Eger, Ausgabelisten Nr. 1015.
3) Deutsche Reichstagsakten VIII, S. 44.
4) Urkunde vom 31. August 1423.
5) Kneschke, Adelslexikon, VIII. Band, S. 206.
6) v. Schönfeld, Adels Schematismus I, 192—194.
7) Wurzbach, Biographisches Lexikon des Kaisertums Österreich XXX, S. 102.
8) Gradl, Adler, Nr. 96; Chroniken der Stadt Eger, Ausgabelisten Nr. 1022.
9) Gradl, Adler, Nr. 97.

vorher solche Notiz nicht findet, so kann man vielleicht den Tod Heinrich Schlicks als Grund dafür ansehen.

In mehreren Darstellungen findet sich die Angabe, daſs Heinrich Schlick Kammerherr bei König Wenzel und später Stadthauptmann von Breslau gewesen sei[1]. Es liegt hier eine Verwechselung mit einem Heinrich von Laasan vor, der in den Jahren 1409—1420 Stadthauptmann von Breslau war und einer Familie von Lasan oder Lasen angehörte[2]). Ihren Namen hat sie von dem im Kreise Striegau gelegenen Dorfe Laasan (Lazan, Lasen), wo die Familie ihren Stammsitz gehabt haben mag[3]). Einige Glieder dieser Familie, die sonst wenig bekannt ist, sind noch nachzuweisen. Sinapius führt einen Bonzel Lasan an, der im Jahre 1374 unter der Herzogin Agnes zu Schweidnitz gelebt haben soll. In einer Urkunde vom 15. Januar 1381 erscheint ein Günzel von Lasan[4]). Der erwähnte Heinrich von Laasan war Stadthauptmann zu Breslau, er ist wahrscheinlich auch der Kammerherr König Wenzels gewesen, der an der Befreiung des Königs aus der Wiener Gefangenschaft hervorragenden Anteil genommen und zum Lohne dafür am 9. November 1403 das Landgeschoſs von Landshut erhalten hat[5]). Er befand sich unter den Gesandten, welche auf Sigmunds Verlangen Wenzel zu dem Tage in Skalitz am 9. Februar 1419 schickte, wo zur Ausrottung der Ketzer in Böhmen Beschlüsse gefaſst werden sollten[6]). Ferner erscheint er in einer Ur-

---

1) Franz Aloysius Wacek, Materialien zur Ahnentafel des Schlickschen Hauses von 1395—1824. Archiv für Geschichte, Statistik, Litteratur und Kunst, XVII. Jahrgang, 1826, S. 418. Ferner: Franz Martin Pelzel, Lebensgeschichte des römischen und böhmischen Königs Wenceslaus, S. 76.

2) Breslauer Stadtbuch, Codex Diplomaticus Silesiae, XI. Band, S. 165, Nr. 28, S. 168, Nr. 31, S. 169, Nr. 31, S. 175, Nr. 34, S. 176 Nr. 35, S. 177, Nr. 37.

3) Vgl. Sinapius, Schlesische Curiositäten, Leipzig und Breslau, II. Band, 1728, S. 778. Ferner: J. G. Knie, Übersicht der Dörfer, Flecken, Städte der königl. preuſs. Provinz Schlesien, Breslau, 1845, S. 242.

4) Codex Diplomaticus Silesiae XII, p. 69/70.

5) Vgl. F. A. Wacek, S. 418 und Pelzel, S. 76.

6) Altmann, Reg. Nr. 3795 a.

kunde vom 11. Januar 1420, wo ihm verboten wird, die dem Breslauer Vincenzkloster gehörigen Leute zu Kostenblut vor sein Gericht zu laden [1]). Sein Sohn Heinrich von Lazan war in den Jahren 1417—1419 Hauptmann des Fürstentums Schweidnitz-Jauer [2]). Sie beide fungierten als Vertreter der anklagenden Krone bei dem Prozesse gegen die Teilnehmer des Aufruhrs in Breslau im Jahre 1420, wobei die Zünfte das Rathaus stürmten und sieben Ratsherren ermordeten [2]). Ob Heinrich von Lasan, der im Jahre 1420 Hauptmann in Reichenbach war, mit diesem jüngeren Heinrich identisch ist, läſst sich nicht mit Bestimmtheit sagen, ist aber anzunehmen.

Es gab also im 14. und 15. Jahrhundert in Mittelschlesien eine Familie Laasan, welche mit den Schlicks keinerlei Berührung gehabt hat. Die Verwechselung des Heinrich Schlick mit Heinrich von Lasan tritt noch deutlicher hervor, wenn wir sehen, daſs Heinrich Schlick in den Jahren 1394 bis 1425 sehr häufig in den Urkunden der Stadt Eger erwähnt und in jedem Jahre als zahlender Bürger aufgeführt wird. Auſserdem wurde die längere Abwesenheit eines Bürgers stets durch die Bemerkung vias oder vias agit bei dem Namen des Betreffenden in den Losungsbüchern der Stadt angedeutet; solche Bezeichnung findet sich bei dem Namen Heinrich Schlicks nicht.

3. Die Gemahlin Heinrich Schlicks.

Die Gemahlin Heinrich Schlicks, die Mutter Kaspar Schlicks, ist nach zahlreichen Urkunden [3]) Constantia, aus dem Hause der Grafen von Colalto und S. Salvadore, ihre Mutter stammt aus dem Hause der Grafen von Camino. Das Material, welches Gradl im Adler beibringt, weiſs nichts

1) Altmann Nr. 3946.

2) Chronik von Breslau, ed. F. G. Adolph Weiſs, Breslau 1888. S. 361. Ferner: Zeitschrift des Vereins für Geschichte und Altertum Schlesiens, VII. Band, S. 158.

3) Altmann, Reg., Nr 4889, Chmel, Reg., Nr. 946. Ferner: Altmann, Reg., Nr. 11903, 12148 u. s. w.

von einer gräflichen Abstammung der Gemahlin Heinrich Schlicks, giebt vielmehr nähere Anhaltepunkte für ihre Herkunft. Sie wird in den Schuldbüchern öfters erwähnt, wenn sie für ihren Gemahl Klagen vertritt und wird Heinrich Schlickin genannt [1]). An keiner Stelle führt sie irgend einen Titel, nicht einmal die Bezeichnung Frau. Schon das Fehlen jedes näheren Titels weist darauf hin, daſs sie nicht anders angesehen wurde als die Frauen anderer Egerer Ratsherren. Entscheidend sprechen aber gegen ihre gräfliche Abstammung die Stellen im Schuldbuch II, 569 und II, 599 [2]), wo sie die Vertretung einer Schuldforderung ihrem Vater überträgt. Daraus geht hervor, daſs er in Eger leben und Egerer Bürger sein muſste.

Wenn wir aber die Herkunft der Gemahlin Heinrich Schlicks aus bürgerlichem Geschlechte als unzweifelhaft betrachten, so muſs sich daraus gegen die Echtheit der Urkunden, in denen ihre gräfliche Abstammung, manchmal sehr ausführlich, erwähnt wird, ein sehr starkes Verdachtsmoment ergeben. Diese Bedenken näher zu untersuchen, ist hier nicht die geeignete Stelle, aber der Gegensatz der verschiedenen Angaben spricht zu laut, als daſs er hier verschwiegen werden könnte.

4. Die Kinder Heinrich Schlicks.

a) Kaspar Schlick.

Heinrich Schlick und seine Gemahlin hatten fünf Söhne und eine Tochter: Kaspar, Matthäus, Nikolaus, Heinrich, Franz und Anna. Unter ihnen ist Kaspar Schlick bei weitem der Bedeutendste.

Seine Laufbahn ist ganz auſsergewöhnlich; bis dahin wurde der erste Kanzler des Reiches immer den geistlichen Kreisen entnommen. Er war der erste Kanzler von bürgerlicher Herkunft und auch der erste Laie, der diese Stellung erreichte. Daſs es ihm an Widerstand gegen sein Empor-

1) Gradl, Adler, Nr. 31, 35, 93 und 97.

2) Ebend. Nr. 97 bezw 93.

kommen nicht gefehlt hat, zeigen die Vorgänge bei der Wahl Albrechts II. Als das Kurfürstenkollegium vor Albrechts Wahl über eine Reihe von Artikeln beriet, die als Wünsche der Wähler dem neuen Könige vorgelegt werden sollten, wurde auf Antrag des Pfalzgrafen Otto der Beschlufs gefafst, dafs die Kanzlei des zukünftigen römischen Königs mit einem ehrbaren, weisen, gelehrten und geborenen deutschen Prälaten bestellt werde, der dem Reiche nützlich, getreu und hold sei [1]). Dafs die Kurfürsten ausdrücklich dem Könige Albrecht die Bitte vortrugen, er möge Schlick nicht zu seinem Kanzler ernennen, zeigt, wie wenig freundlich gesinnt sie diesem Emporkömmlinge waren. Dafs aber Albrecht auf ihre Bitte keine Rücksicht nahm, sondern Kaspar Schlick zu seinem Kanzler machte — er erscheint schon am 3. Mai 1438 wieder als Kanzler [2]) —, ist ein Beweis dafür, wie wertvoll ihm seine Dienste gewesen sind. In der That hat er vor allem Kaspars angestrengten Bemühungen seine Wahl zu danken gehabt.

An der Laufbahn Kaspar Schlicks ist nicht nur merkwürdig, dafs er der erste Laie gewesen ist, welcher Kanzler wurde, sondern auch, dafs er es unter mehreren Kaisern war. Denn auch König Friedrich machte ihn im November 1442 zum Kanzler [3]). Seit dem Ende des 13. Jahrhunderts war es ganz gewöhnlich, dafs mit einem neuen Herrscher auch ein neuer Kanzler ins Amt trat [4]). Die Vollmachten des alten erloschen von selbst mit dem Tode des Herrschers, der ihn bestellt hatte. In dem Übergange des Kanzlers von den Luxemburgern auf die Habsburger sehen wir die Anfänge jener thatsächlichen Verbindung der Kaiserwürde mit dem

---

1) Aeneas Sylvius Piccolomini, De viris Illustribus, p. 68, gedruckt in der Bibliothek des litterarischen Vereins zu Stuttgart, 1843, III. Abtl.

2) Vgl. Wilhelm Altmann, Die Wahl Albrechts II. zum römischen Könige, Berlin, 1886, S. 68 Anm.

3) Vgl. G. Voigt, I, S. 272.

4) Vgl. Bresslau, Handbuch der Urkundenlehre für Deutschland und Italien, I Band, S. 399.

Herrscherhause in der Südostmark, wie sie die Signatur der nächsten Jahrhunderte wurde.

Sein Geburtsjahr.

Kaspar Schlicks Geburtsjahr ist nicht sicher festzustellen; von manchen wird das Jahr 1400 angegeben. Diese Angabe stützt sich auf den Roman des Äneas Sylvius „Amores Euryali et Lucretiae“, in welchem gesagt wird, dafs Euryalus 32 Jahre alt sei, und da der Roman 1432 in Siena spielt, so ergiebt sich als Geburtsjahr das Jahr 1400. Obgleich kein Zweifel bestehen kann, dafs mit Euryalus Kaspar Schlick gemeint ist [1]), so mufs er doch früher geboren sein, sonst könnte er nicht schon 1416 Schreiber (Sekretär) der königlichen Kanzlei sein [2]). Auch sein weiterer Lebenslauf würde nicht zu diesem Geburtsjahre passen. Wenn die Annahme richtig ist, dafs seine Eltern ungefähr 1394 geheiratet haben,

1) Dieser Roman des Äneas Sylvius steht: Aeneae Sylvii Pii II. Pontificis Epistolae, Lib. I, Brief Nr. 113 und 114. Editio Basiliensis 1551, p. 623—644. Da er noch öfters herangezogen werden wird, so scheint es nicht überflüssig, noch einmal darauf hinzuweisen, dafs unter Euryalus nur Kaspar Schlick gemeint sein kann. Euryalus wird nach Rom geschickt, um mit dem Papste über die Krönung zu verhandeln (p. 632, erste Zeile), bei dieser ist er zugegen und erhält den Ritterschlag. Am Schlusse der ganzen Erzählung heifst es, Euryalus habe sich über die ganze Angelegenheit erst getröstet, als der Kaiser ihn mit einer Gemahlin aus herzoglichem Geschlechte verbunden habe. Das alles pafst auf Kaspar Schlick. Die Identität wird vor allem durch einen Brief des Äneas Sylvius an den Kanzler bewiesen (No. 112, p. 622). Darin teilt er ihm mit, er sei von Marianus Sozinus, einem ausgezeichneten Manne, aufgefordert worden, ihm eine Liebesgeschichte zu schreiben. Da er einem so hervorragenden Manne nichts abschlagen dürfe, so habe er eine Geschichte geschrieben, die sich in Siena abgespielt habe, als Kaiser Sigmund dort gewesen sei. „Tu etiam aderas et si verum his auribus hausi, operam amori dedisti, Civitas Veneris est. Aiunt, qui te norant, vehementer quod arseris quodque nemo te gallior fuerit. Nihil ibi amatorie gestum te inscio putant. Ideo historiam hanc ut legas precor et an vera scripserim videas nec reminisci te pudeat, si quid huiusmodi nonnunquam evenit tibi, homo enim fueras. Qui nunquam sensit amoris ignem aut lapis est aut bestia.

2) Altmann, Reg., Nr. 1974.

so können wir seine Geburt vielleicht auf 1395 ansetzen, vorausgesetzt, daſs er der älteste war. Über Kaspars Leibesgestalt sagt Äneas Sylvius [1]): „Non eminentis staturae, sed letae grataeque habitudinis, illustribus oculis magis ad gratiam tumescentibus caeteris membris non sine quadam maiestate decotis naturae correspondentibus.“

Seine Vorbildung.

Auch über seine Vorbildung ist wenig bekannt. Er selbst sagt von sich: „juvenis liberalium artium fueram aditor“ [2]). Daſs er aber in Bologna das Recht studiert habe [3]), ist nicht wahrscheinlich, er würde dann weniger von den liberales artes als von dem ius reden. Wir werden mit Bresslau annehmen, daſs er der akademischen Vorbildung gänzlich entbehre [4]). Denn:

1) Weder er selbst bezeichnet sich jemals als Doktor oder auch nur als magister oder iurisperitus, noch wird er von anderen so genannt. 2) Luschin von Ebengreut giebt eine Liste aller deutschen Familien, von denen ein oder mehrere Angehörige nachweislich in Bologna studiert haben [5]). Von der Familie Schlick sollen es darnach drei Mitglieder gewesen sein; ihren Namen finden wir in den Rechnungsbüchern der deutschen Nation der Universität Bologna, und zwar:

1) Unter dem Jahre 1432 Matthäus Schlick, er heiſst daselbst: strenuus et famosus vir Matthaeus Slyk de Lasono [6]);

2) unter dem Jahre 1447 Franz Schlick. Er heiſst: Franciscus Slick de Lusana Pataviensis et Ratisponensis

---

1) Epistulae Aenae Sylvii, Editio Basil., No. 114, p. 624, Zeile 12 v. u. ff.

2) Voigt, I, S. 276.

3) Vgl. oben S. 4.

4) Bresslau, S. 411.

5) Luschin von Ebengreut, Vorläufige Mitteilungen über die Geschichte deutscher Rechtshörer in Italien, Sitzungsberichte der kaiserl. Akademie der Wissenschaften, Phil. Histor. Klasse, 127. Band, 1892, S. 87ff.

6) Acta Nationis Germanicae Universitatis Bononiensis, Berolini 1887, p. 180.

ecclesiarum canonicus et plebanus in Brueck super Muram [1]);

3) unter dem Jahre 1523: Christophorus Schlick generosus dominus comes in Passan dominus in Ellenbogen [2]).

Da Kaspar Schlick nicht unter ihnen ist, so hat er auch nicht in Bologna studiert.

3) In dem Romane Euryali et Lucretiae Amores wird von Euryalus gesagt: Sed angebatur, quia sermonis Italici nescius erat [3]). Wenn Kaspar in Bologna studiert hätte, so würde er wohl der italischen Sprache mächtig gewesen sein.

Daſs er in dem Hause seiner Mutter mit dem Kanonisten Zabarella in Berührung getreten sei, halten wir schon deshalb für wenig glaubwürdig, weil wir annahmen, daſs seine Mutter aus Eger stamme.

Seine amtliche Laufbahn.

Die Unterweisung in den Geschäften der Kanzlei erfuhr Kaspar durch den Bischof von Agram [4]), der damals in der Kanzlei eine Stellung bekleidet haben mag, aber nicht, wie Eberhart Windecke angiebt, Kanzler gewesen ist. Zur Zeit, wo Kaspar Schlick in die Kanzlei eintrat, war der Erzbischof Johann v. Gran oberster Kanzler Sigmunds; sein Nachfolger wurde am 25. Dezember 1417 [5]) der Bischof Georg v. Passau, der im Jahre 1423 starb [6]). Im Jahre 1416 trat Kaspar in die Königliche Kanzlei als Schreiber (Sekretär) ein [7]) und machte im Gefolge Sigmunds die Reise mit, welche der König vom Konstanzer Konzil nach Frankreich und England unternahm. Am 4. Januar 1418 wurde er mit neun anderen auf den Antrag des Kanzlers Georg v. Passau unter die familares

1) Acta Nationis Germanicae Universitatis Bononiensis, Berolini 1887, p. 193.

2) ib. p. 290.

3) Aeneae Sylvii opera, p. 628, Zeile 9 v. u.

4) Eberhart Windecke, Kap. 340, S. 380.

5) Altmann, Reg., Nr. 2757 b.

6) Ebend. Nr. 5598, vgl. Theodor Lindner, Das Urkundenwesen Karls IV. und seiner Nachfolger, 1346—1437, S. 34.

7) Altmann, Reg., Nr. 1974 und 12148.

des Königs aufgenommen [1]). Im Jahre 1427 oder Anfang 1428 wurde er Protonotar [2]). Im Jahre 1430 wurde er Vizekanzler, scheint aber vorübergehend schon vorher diese Stellung eingenommen zu haben. In einem Briefe vom 5. August 1429 an den Kurfürsten Friedrich von Brandenburg unterzeichnet er sich als vicecancellarius und auch in der Briefadresse des Nürnbergers Peter Volkmer vom 20. Oktober 1429 wird er vicecancellarius genannt [3]). Da er aber noch während des Jahres 1430 wiederholt als Protonotar [4]) und erst seit dem Oktober 1430 häufig als Vizekanzler erscheint [5]), so werden wir seine Ernennung zum Vizekanzler in das Jahr 1430 setzen.

Am 31. Mai 1433 wurde er in Rom zum ersten Kanzler ernannt [6]). Am 1. Juni 1433 wurde er zum Lateranensischen Pfalzgrafen erhoben mit dem Rechte, Notare, Tabellionen, ordentliche Richter zu ernennen, uneheliche Kinder zu legitimieren etc. [7]).

Seine Adelserhebungen.

Mit seinem Aufsteigen in der Kanzlei hielten seine Standeserhöhungen gleichen Schritt.

Am 13. August 1416 wurde ihm und seinem Vater ihr Wappen bestätigt und gebessert [8]). Damit erfuhren die Schlicks eine ganz aufsergewöhnliche Auszeichnung; denn

---

1) Altmann, Reg., Nr. 2783.

2) Zum ersten Male erscheint er am 9. Mai 1428 (Altmann Nr. 7078) als Protonotar. Noch in dem Briefe Sigmunds an den Hochmeister des deutschen Ordens vom 9. April 1427 (Nr. 6887) nennt ihn der König: Caspar Slick, unser secretair und liber getruer.

3) Vgl. Karl Schellhass, Das Vicekanzellariat Kaspar Schlicks, Deutsche Zeitschrift für Geschichtswissenschaft, ed. L. Quidde, IV. Band, Freiburg i. B., 1890, S. 347—350.

4) Altmann, Reg., Nr. 7602, 7614, 7629.

5) Ebend. Nr. 7875, 8727, 8799, 8894.

6) Urkunde vom 13. Juli 1433. Lünig, Teutsches Reichs Archiv, Spicilegium Seculare, II. Teil, S. 1178.

7) Altmann, Reg., Nr. 9468, Lünig, S. 1175.

8) Altmann, Reg., Nr. 1974, Lünig S. 1174.

indem Sigmund bestimmt, daſs sie das neue Wappen in allen Turneien, Stechen, Kämpfen, Stürmen, Streiten und allen rittermäſsigen Geschäften führen sollen, stellt er sie, die vorher nicht einmal rittermäſsig waren, dem dienstherrlichen Adel gleich. Die Formel des Wappenbrauches „zu allen ritterlichen Sachen und Geschäften" enthält die ausdrückliche Anerkennung mindestens des ritterlichen Standes [1]).

Am 16. Juli 1422 wurde Kaspar Schlick in den Freiherrnstand erhoben mit dem Rechte, in sein Wappen das seiner Mutter Constantia, Gräfin v. Colalto, aufzunehmen [2]). Er wird hier als Edler, Herr zu Neuhaus, bezeichnet. Sigmund bestimmt, daſs weder er noch seine Erben verpflichtet sein sollen, jemandem im Zweikampfe oder sonst irgend wie Genugthuung zu leisten, wenn er nicht aus dem Adelstande sei. Die Urkunde wurde von König Friedrich am 8. August 1442 bestätigt.

Am 31. Mai 1433, dem Pfingsttage, wurde Kaspar und sein Bruder Matthäus zusammen mit 180 anderen auf der Tiberbrücke nach der Kaiserkrönung zum Ritter geschlagen [3]). Dazu beglückwünscht ihn am 4. Juli 1433 Herzog Wilhelm von Bayern [4]). Ferner berichtet am 29. Juni desselben Jahres ein „Diener der Egerer", wie am heiligen Pfingsttage der Kaiser vom Papste gekrönt worden sei und wie er dann auf der Tiberbrücke 180 Ritter geschlagen habe, unter denen zwei Schlicks, Herr Kaspar und Herr Matthes, gewesen seien [5]). Kaspar Schlick nennt sich seit dem 31. Mai 1433 in der Unterfertigung häufig miles und wird auch von anderen so genannt [6]).

Am 13. Juli 1433 wurde ihm sein Wappen erweitert;

---

1) Vgl. G. Seyler, Geschichte der Heraldik S. 351, 352.

2) Altmann, Reg., Nr. 4889; Chmel, Reg., 946.

3) Urkunde vom 13. Juli 1433; Altmann, Reg., Nr. 9543; Lünig, R. A. Spic. Sec. II, 1178.

4) Deutsche Reichstagsakten XI. Band, S. 42.

5) Gradl, Adler, Nr. 178.

6) Altmann, Reg., Nr. 9431, 11468, 12059 u. s. w., ferner Deutsche Reichstagsakten, Band XI, S. 312, 323, 356, 409, 410 u. s. w.

es wurde zum Schlickschen Wappen ein halber goldner Löwe mit ausgestreckten Krallen hinzugefügt [1]).

Am 30. Oktober 1437 wurde er zum Reichsgrafen von Bassano erhoben [2]). Solche Erhebung konnte nie ohne Mitwirkung des Reiches geschehen; deshalb erteilte am 24. Oktober 1443 Kurfürst Dietrich II. von Köln seinen Willebrief zu der Erhebung Kaspars in den Grafenstand, indem er ausdrücklich sagt, dafs Kaiser Sigmund den Kaspar Schlick höher geadelt, geehret, gegräft und gefreiet habe [3]). Ebenso gab am 1. Februar 1444 der Kurfürst Jakob von Trier seinen Willebrief [4]). Die späteren Kaiser haben die Erhebung Kaspars in den Grafenstand bestätigt, und zwar

König Albrecht am 21. Juni 1439 [5]),
König Friedrich am 8. August 1442 [6]),
Kaiser Maximilian am 27. August 1498 [7]),
Kaiser Karl V. im Jahre 1521 [8]),
Kaiser Maximilian II. am 6. April 1566 [9]),
Kaiser Ferdinand III. am 24. September 1641 [10]).

Verleihungen an Land und Geld.

Ebenso wufste Kaspar Schlick auch, sich an Geld und Ländereien einen gewaltigen Besitz zu erwerben. Grofs ist die Zahl der Höfe, Lehen, Steuern, Zölle, Schlösser, Güter, einträglichen Rechte, Bergwerke, baren Verschreibungen u. s. w., welche ihm Sigmund vergeben hat. In der Reichskanzlei waren die Beamten darauf aus, sich von den Fetzen des alten Reichsgutes, von den Reichslehen, möglichst viel zu verschaffen. Schlick war in dieser Ausnützung seines Amtes

1) Altmann, Nr. 9543, Lünig, R. A. Spic. saec. II, 1178f.
2) Altmann, Nr. 12148, Lünig, R. A. Spic. Sec. Continuatio S. 100.
3) Lünig, Spic. sec. II, 1192, Urkunde Nr. XIX.
4) Vgl. Seyler, S. 370.
5) Lünig, S. 1189, Nr. XIV.
6) Chmel, Regesta Friderici, Nr. 946.
7) Lünig, S. 1196, Nr. XXV.
8) Ebend., S. 1198, Nr. XXVII.
9) Ebend., S. 1198, Nr. XXVIII.
10) Ebend., S. 1200, Nr. XXX.

bei weitem nicht der einzige, aber jedenfalls ein ganz hervorragendes Beispiel. Sigmund war schwach genug nachzugeben. Wo sich nur immer die Gelegenheit bot, eine gute Erwerbung zu machen, da griff Kaspar Schlick zu. Entweder liefs er sich mit einem freigewordenen Reichslehen belehnen oder er borgte dem stets geldbedürftigen Kaiser Geld und liefs sich dafür Reichsgüter verpfänden oder er liefs sich Schenkungen machen. Oft behielt er diese nicht lange, sondern verkaufte sie bald weiter; auch dazu erhielt er die Zustimmung Sigmunds leicht. Gelang es ihm nicht, einen Anspruch durchzuführen, so sorgte er dafür, dafs er entschädigt wurde (vgl. Altmann, Reg., Nr. 12129). Seine Besitzungen lagen weit zerstreut: im Egerlande, am Rhein, im Elsafs, im Allgäu, in Italien, — überall suchte er etwas zu erhaschen.

Die dauernden Erwerbungen der Schlicks liegen meist im Egerlande. Am 27. September 1434 verpfändete Sigmund dem Kaspar Schlick für 11900 Gulden die Städte Ellbogen, Schlackenwert, und das Schlofs Engelsberg u. s. w., die Schebnitzer Güter, das Gut zu Achtenstädt u. s. w. [1]). In demselben Jahre gab er ihm das Schlofs Seeberg im Egerlande zu unumschränktem Besitze [2]); Kaspar überliefs später mit Genehmigung Sigmunds das Schlofs seinem Neffen Wilhelm Schlick [3]). Am 4. November 1435 verlieh Sigmund dem Kaspar und Matthäus Schlick erbeigentümlich das Gut Falkenau im Ellenbogner Kreise [4]). Am 1. August 1437 schenkte er seinem Kanzler und dessen Erben das Gut Lichtenstädt in demselben Kreise, das er von dem Kloster zu Tepl gekauft hatte [5]). Alles, was an Märkten, Dörfern, Gerichten, Bergwerken, Höfen, Wässern, Teichen, Mühlen, Wäldern, Jagd, Fischerei, Lehen, Zinsen, Renten u. s. w. u. s. w. zu Lichtenstädt gehörte, wurde den Schlicks erblich für alle Zeiten verliehen. Andrerseits wurde das Gut von

1) Altmann, Reg., Nr. 10848.
2) Ebend., Nr. 10875.
3) Ebend., Nr. 11391.
4) Ebend., Nr. 11218 a.
5) Altmann, Reg., Nr. 12018; Lünig T. R. A., S. 1185, Nr. X.

allen Pflichten und Lasten befreit. Die Burggrafen von Ellenbogen und alle anderen Amtleute sollten den Besitzern von Lichtenstädt nichts zu gebieten haben. Wegen dieser weitgehenden Befreiungen scheinen die Schlicks gerade auf diese Verleihung grofsen Wert gelegt zu haben. Sie liefsen sich die Schenkung von König Albrecht [1]) und der Königin Elisabeth bestätigen [2]). Am 1. September 1437 verlieh der Kaiser dem Kaspar Schlick das Schlofs Schöneck im Vogtlande [3]); es war ursprünglich von der Krone Böhmen den Herzögen Friedrich und Wilhelm von Sachsen verpfändet worden; dann wurde es zuerst pfandweise durch diese dem Kanzler verschrieben, bis es ihm von Sigmund zu erblichem Besitze verliehen wurde.

Die Pflege oder, wie sie auch heifst, Burggrafschaft der Stadt Eger ging durch Urkunde vom 26. Februar 1429 für 300 Schock böhmische Groschen in die Hände der Egerer über [4]). Kaspar Schlick löste sie mit Sigmunds Erlaubnis von den Egerern aus und erhielt sie für dieselbe Summe auf Lebenszeit verpfändet [5]). Die Pflege zu Eger blieb dann lange Zeit bei der Familie Schlick; Kaspar selbst versah sie, wie Gradl angiebt, nur ein einziges Mal, indem er am 4. Januar 1434 den Kunz v. Zedtwitz wegen Totschlages und dessen Sohn Heinz und Hans und deren Knechte Härtl und Thomas als Mithelfer auf Klage eines gewissen Lorenz Edelmann in die Acht erklärte [6]). Sonst übertrug er sie meist seinen Brüdern, so dem Matthes zwischen dem November 1435 und März 1436 [7]), dem Nikolaus [8]), Heinrich [9]);

---

1) Lünig, S. 1189, Nr. XV.

2) Ebend., S. 1190, Nr. XVII.

3) Altmann, Reg., Nr. 12064.

4) Ebend., Nr. 7182; vgl. H. Gradl, Geschichte des Egerlandes bis 1437, S. 377.

5) Altmann, Reg., Nr. 7875.

6) Gradl, Adler, Nr. 189, 190.

7) Gradl, Geschichte des Egerlandes, S. 399.

8) Gradl, Adler, Nr. 198.

9) Ebend., Nr. 143.

auch ein Wilhelm Schlick [1]), wahrscheinlich ein Neffe Kaspars, hat vorübergehend die Pflege zu Eger inne gehabt.

Mehrere bedeutende Erwerbungen machte Kaspar Schlick am Rhein. Am 2. Juni 1424 übertrug Sigmund ihm und dem Protonotar Michael v. Priest die Aue bei Nackenheim in der Gegend von Mainz [2]). In demselben Jahre gab er ihm den Knoblauchshof zu Frankfurt, ein Reichslehen, zu Lehen [3]). Den Hof hatte ursprünglich der Münzmeister von Frankfurt, Nördlingen und Aachen, Foys v. Winterbach, inne gehabt. Der König veranlaſste den Rat der Stadt Frankfurt, ihn zur Herausgabe zu zwingen [4]). Am 31. Januar 1430 schenkte Sigmund dem Kaspar Schlick und dem Hermann Hecht Haus und Hof am Goldgieſsen zu Straſsburg [5]). Am 20. Juli 1431 gab er ihm das Dorf Niederhausbergen bei Straſsburg mit der Erlaubnis, es zu verpfänden und zu verkaufen. Das Dorf war ein Reichslehen, welches zu Unrecht Kunzmann Pfaffenlap, genannt zum Rost, als sein Eigentum verkauft hatte [6]). Auſserdem erhielt der Kanzler mehrere freigewordene Lehen im Elsaſs: Schloſs Blicksberg nebst Zubehör [7]). Das Schloſs verkaufte er später für 600 Gulden an den Landvogt im Ober-Elsaſs, Smasmann von Rappoltstein. Dazu gab der Kaiser nicht nur seine Erlaubnis, sondern er befahl den elsässischen Reichsstädten Kolmar, Schlettstadt, Kaisersberg, Ehnheim und Münster diesen im Genusse des gekauften Lehens Blicksberg zu schützen [8]). Die Feste Limburg bei Sasbach am nördlichen Abhange des Kaiserstuhls war im Jahre 1430 dem Reiche verfallen und widerrechtlich in den Besitz des Hans von Hohenstein gekommen [9]). Der Kaiser belehnte den Kanzler mit der Burg, einschlieſslich

1) Gradl, Adler, Nr. 219.
2) Altmann, Reg., Nr. 5877.
3) Ebend., Nr. 5878.
4) Ebend., Nr. 5891.
5) Ebend., Nr. 7620.
6) Ebend., Nr. 8726.
7) Ebend., Nr. 7730 und 8727.
8) Ebend., Nr. 11220.
9) Ebend., Nr. 7617.

aller daran hängenden Zölle u. s. w. Dieser trat dann mit Sigmunds Zustimmung die Feste Limburg an die Brüder Wenzel, Dietrich und Hans von Weitenmühl ab [1]). Nach dem Tode des Hans Ulrich vom Haus zu Isenheim im Elsaſs war der Zoll daselbst an das Reich gefallen. Er wurde am 2. Februar 1431 dem Kaspar Schlick und seinen Brüdern verliehen [2]), der ihn nach drei Jahren mit des Kaisers Zustimmung an Hans Volker von Sulzbach, den Vogt von Belfort, verkaufte [3]). Die Feste Schauenburg im Algäu, welche einst zur Herrschaft Bregenz gehört hatte, war in den widerrechtlichen Besitz des Konrad und Benz Silber, Bürger der Stadt Lindau, gekommen. Kaspar Schlick erhielt sie mit vollem Verfügungsrecht darüber [4]).

Unter den Besitzungen, welche ihm in Italien verliehen wurden, ist besonders die Herrschaft Bassano in der Provinz Vicenza, am oberen Lauf der Brenta, wichtig. Am 21. August 1431 verlieh Sigmund dem Kaspar Schlick Burg und Stadt Bassano [5]). Diese Verleihung wie alle Privilegien u. s. w. bestätigte er ihm am 31. Mai 1433 [6]), und versprach auch für seine Nachfolger, daſs nur mit Einwilligung der Familie Schlick das Schloſs Bassano an die Venetianer wieder abgetreten werden dürfe [7]). Auſserdem erhielt Kaspar Schlick das Schloſs Vigonium in der Provinz Pavia [8]). Der Kaiser hatte es dessen früherem Besitzer, dem Filippo Maria von Mailand wegen seiner Verbindung mit den Venetianern entzogen.

Das einträglichste Recht wurde den Schlicks verliehen, indem Sigmund ihnen gestattete, von dem Ertrage der Bergwerke zu St. Michaelsberg und St. Joachimsthal goldene

---

1) Altmann, Reg., Nr. 8738.
2) Ebend., Nr. 8260.
3) Ebend., Nr. 10414.
4) Ebend., Nr. 9202.
5) Ebend., Nr. 8726.
6) Ebend., Nr. 9467.
7) Ebend., Nr. 10341.
8) Ebend., Nr. 5796.

und silberne Münzen zu schlagen, welche im ganzen Reiche Geltung haben sollten.

Wie Sigmund dem Kaspar Schlick in Böhmen, im Elsaſs, in Italien u. s. w. reiche Verschreibungen machte, so hat er ihm auch ohne Zweifel in Ungarn Besitzungen gegeben; die Kenntnis dieser Verleihungen war uns aber nicht zugänglich, da die Ungarn betreffenden Urkunden von Altmann nicht aufgenommen sind. Kaspar Schlick führt z. B. sehr häufig die Bezeichnung Herr zu Weiſskirchen, ohne daſs uns eine Urkunde bekannt wäre, durch die ihm die Herrschaft Weiſskirchen (in Ungarn, südlich von Temeswar) verliehen wird. Daſs er aber Weiſskirchen erhalten hat, berichtet sowohl Äneas Sylvius [1]) als auch Matthesius [2]); ersterer giebt an, daſs König Albrecht dem Kaspar Schlick Weiſskirchen (Alba ecclesia) verliehen habe.

Was bedeuten aber alle diese Verleihungen gegenüber der Belehnung [3]) mit dem Erbe des am 30. April 1436 verstorbenen Grafen Friedrich von Toggenburg und der Übertragung der Rechte auf das Land Wenden [4])! Zweimal hat Kaspar Schlick den Versuch gemacht, eine landesherrliche Stellung zu gewinnen, aber beide Male hat er seine auf Verleihungsurkunden begründeten Ansprüche nicht durchzuführen vermocht.

Durch die Urkunde vom 24. August 1437 belehnte Sigmund seinen Kanzler, Ritter Kaspar Schlick mit den durch den Tod des Grafen Friedrich von Toggenburg erledigten Herrschaften Toggenburg, Belfort, Davos und Prätigau. Wahrlich, es wäre für einen Bürgerssohn keine üble Erwerbung gewesen, Herr der Toggenburgischen Besitzungen zu werden; aber leider wollten sich andere, die nähere Rechte auf das Erbe hatten, dies fette Fischlein nicht wegschnappen lassen.

---

1) Vgl. oben S. 3.

2) Sarepta oder Bergpostill des Johann Matthesius, Nürnberg 1562, S. 135, Zeile 3 ff. v. o.

3) Altmann, Reg., Nr. 12059.

4) Ebend., Nr. 12168.

Da der Graf Friedrich ohne Testament gestorben war, so meldeten sich sofort von verschiedenen Seiten Verwandte mit Erbansprüchen. Neben seiner Gemahlin, der Gräfin Elisabeth, erhoben Angehörige der Familien Mätsch und Raron, Nachkommen einer Vatersschwester des Erblassers, Ansprüche; ebenso Nachkommen von Geschwistern seiner Mutter, besonders die Herren von Montfort-Tettnang. Aufserdem wollte Kaiser Sigmund die Herrschaft Toggenburg als erledigtes Reichslehen einziehen. Auch Schwyz und Zürich mischten sich sofort ein.

Es würde zu weit führen, den heifsen Kampf zu schildern, dessen eigentliche Ursache, die Verteilung des Toggenburgischen Erbes, bald hinter dem grofsen Gegensatze zurücktrat, der seit lange zwischen Schwyz und Zürich bestand [1]). Hier gilt es nur das Ergebnis der Erbteilung zu erfassen. Am 11. April 1437 übergab die Gräfin von Toggenburg ihren ganzen Besitz an ihren Neffen, Ulrich von Mätsch, und ihren Bruder gleichen Namens zu handen der Toggenburgischen Verwandten. Diese unterwarfen sich einem Schiedsgerichte unter dem Vorsitze des Schweizerischen Landammans Reding, welches die Verteilung des Erbes unter die Verwandten vornahm. Zu gleicher Zeit gingen die zu Feldkirch versammelten Erben von Schwyz und Glarus, das durch Schwyz in den Streit hereingezogen war, ein ewiges Landrecht ein, gewährten ihnen ein eventuelles Vorkaufsrecht auf Toggenburgische Besitzungen und bestätigten die Verbindungen ihrer Unterthanen mit den beiden Ländern. Am 25. Mai 1437 erlangte Reding von den Toggenburgischen Erben um 1000 Gulden die förmliche Verpfändung und Übergabe von Uznach an Schwyz und Glarus, während Zürich beinahe leer ausging.

Welche Stellung nahm Kaiser Sigmund zu diesen Vereinbarungen ein? Er hatte durch die Urkunde vom 12. Oktober 1431 [2]) dem Grafen Friedrich von Toggenburg gestattet, für den Fall, dafs er keine Leibeserben habe, seine

1) Vgl. Johannes Dierauer, Geschichte der Schweizerischen Eidgenossenschaft, Gotha 1892, II. Band, S. 47 ff.

2) Altmann, Reg., Nr. 8912.

Grafschaft, Herrschaften und Pfandschaften seiner Gemahlin Elisabeth, geb. v. Mätsch, den Grafen v. Sargans, Räzüns, v. Höven, den Kindern des Grafen Wilhelm von Montfort-Bregenz, des Grafen Eberhart von Kirschberg, des Grafen Wilhelm von Montfort-Tettnang, des Grafen Johann von Sax, des Herrn von Brandes, des Herrn von Aarburg und zwar ihnen allen zusammen oder einzeln zu vererben. Eine Urkunde vom Februar 1434 bestätigte diese Erlaubnis [1]). Nun war allerdings Graf Friedrich von Toggenburg ohne Testament gestorben [2]); vielleicht war dieser Umstand für den Kaiser die Veranlassung, trotz jener Urkunden die Herrschaft als erledigtes Reichslehen für sich in Anspruch zu nehmen. Durch die Urkunde vom 6. Mai 1437 lud er auf Veranlassung des Kammerprokurators und Fiskals Johann Gisler den Grafen Wilhelm von Montfort-Tettnang auf den nächsten Rechtstag, den 24. Juni, vor, um seine auf Grund der Verwandtschaft seiner Gemahlin erhobenen Ansprüche auf die Grafschaften und Herrschaften Toggenburg, Bretigow, Tafas, Belfort nachzuweisen, die nach der Meinung des Fiskals nach dem Tode des Grafen Friedrich von Toggenburg dem Reiche anheimgefallen seien [3]). Graf Wilhelm entzog sich dieser Aufforderung nicht, bat aber die Entscheidung über seine Ansprüche auf den nächsten Rechtstag, den 29. September, zu verschieben, was ihm auch gewährt wurde [4]). Aber schon am 24. August 1437 belehnte der Kaiser seinen Kanzler Kaspar Schlick mit den Herrschaften Toggenburg, Belfort, Davos, Prätigau [5]). Merkwürdig! Am 2. August versprach er dem Grafen Wilhelm die Entscheidung bis auf den 29. September zu verschieben [4]) und am 24. August belehnte er seinen Kanzler mit den streitigen Herrschaften.

Aber es gelang diesem nicht, sich in den Besitz des Toggenburgischen Erbes zu setzen. König Albrecht übertrug

1) Altmann, Reg., Nr. 10105.
2) Vgl. Dierauer, II. Band, S. 46.
3) Altmann, Reg., Nr. 11782.
4) Ebend., Nr. 12039.
5) Ebend., Nr. 12059.

dasselbe am 29. Juni 1439 dem Grafen Wilhelm von Montfort, an welchen der Kanzler alle seine Rechte abtreten mufste [1]). Damit war die Toggenburgische Angelegenheit endgültig erledigt.

Zu gleicher Zeit machte Kaspar Schlick an einer anderen Stelle den Versuch, in die Reihe der landesherrlichen Fürsten einzurücken. Am 7. September 1436 starb mit Wilhelm, Fürst zu Wenden, Güstrow und Waren, der Werle-Wendische Zweig des Mecklenburgischen Fürstenhauses aus [2]). In der ersten Hälfte des 13. Jahrhunderts hatten die vier Söhne des Heinrich Burwy, Fürsten zu Rostock, die Mecklenburgischen Lande unter sich geteilt [3]). Johann I. wurde der Begründer der Mecklenburgischen, Nikolaus I. der Werle-Wendischen, Burwy III. der Rostocker, Pribislaw I. der Parchim-Richenberger Linie. Die beiden letzteren starben bald aus, während sich die Mecklenburger in die Linie Mecklenburg-Schwerin und Mecklenburg-Stargard teilte, sodafs drei Zweige des Mecklenburger Fürstenhauses nebeneinander bestanden. Die Linie Werle-Wenden hatte die Städte und Lande Güstrow, Malchow, Malchin, Röbel, Penzlin, Jurne und Liez nebst den Schlössern Werle und Schwan inne, umfafste also das Gebiet, welches heute den östlichen Teil des Grofsherzogtums Mecklenburg-Schwerin bildet und im Westen ungefähr durch den 12° ö. L. begrenzt wird, also beinahe die Hälfte des Grofsherzogtums bildet.

Auf diese Gebiete wurden bei dem Tode des Herzogs Wilhelm von mehreren Seiten Ansprüche erhoben. Die Herzöge von Mecklenburg-Schwerin und Mecklenburg-Stargard beschlossen schon am 22. November 1436 die Werleschen Lande in gemeinsamem Besitze zu behalten [4]). Friedrich I.

1) Du Mont, Corps Universel, III, 1, S. 65.

2) Vgl. K. Ch. F. v. Lützow, Versuch einer pragmatischen Geschichte von Mecklenburg, Berlin 1831, II. Teil, S. 171, 258.

3) Vgl. Lützow, S. 12ff. und Jahrbücher des Vereins für Mecklenburgische Geschichte und Altertumskunde, 50. Jahrgang 1885. Stammtafel, S. 326.

4) Jahrbücher, S. 254.

von Brandenburg nahm nicht nur die Lehensoberhoheit für sich in Anspruch [1]), sondern erklärte auch, daſs das Land Wenden als erledigtes Brandenburgisches Lehen an ihn gefallen sei [2]). Ferner behauptete Kaiser Sigmund, daſs das Reich auf dieses Land Anrecht habe und setzte zur Entscheidung der Streitfrage einen Rechtstag auf den 10. Mai fest, indem er den Herzögen von Mecklenburg ausdrücklich verbot, sich vorher als Besitzer des Landes zu betrachten [3]). Wir wissen über diesen Rechtstag nichts, wenn er überhaupt abgehalten worden ist. Sigmund nahm das Land für das Reich in Anspruch und verschrieb dem Kaspar Schlick und dessen Gemahlin, der Herzogin Agnes von Schlesien-Öls, die dem Reiche zustehenden Rechte auf das Land Wenden [4]).

Aber wie bei dem Toggenburgischen Erbe, so waren auch hier Kaspars Bemühungen fruchtlos; er konnte seine Ansprüche nicht durchführen. Der Kaiser starb wenige Wochen darauf, und seine Nachfolger mögen in der Angelegenheit für den Kanzler kein Interesse gehabt haben; auch mag es nicht möglich gewesen sein, das Erbfolgerecht der Mecklenburger Herzöge auf die Dauer zu bestreiten. Diese einigten sich am 8. Mai 1442 mit dem Kurfürsten Friedrich II. von Brandenburg in einem Eventualsuccessionsvertrage zu Perleberg, und am 24. Juni 1442 verlieh König Friedrich Heinrich dem Älteren und Heinrich seinem Bruder und Hans ihrem Vetter, Herzögen zu Mecklenburg, ihr Lehen zu gesamter Hand, nämlich „Herzogtum und Herrschaft Mecklenburg, Stargard, Werle, das man nennet das Land zu Wenden, Rostock und Swerin [5]).“

Wie Kaspar Schlick eine groſse Zahl von Erwerbungen an Land u. s. w. machte, so gab ihm auch sein Herr zahlreiche Verschreibungen an barem Gelde. Der Kaiser war fast immer in Geldverlegenheit, so daſs ihm seine Umgebung,

1) Altmann, Reg., Nr. 11 878.
2) Ebend., Nr. 11 514.
3) Ebend., Nr. 11 676.
4) Ebend., Nr. 12 168.
5) Chmel, Reg., Nr. 627; v. Lützow, II, 263.

vor allen sein Kanzler, oft mit Geld aushelfen mufste, wofür sich dieser reichlich entschädigen liefs. So wies ihm Sigmund 200 rheinische Gulden auf die Städte Konstanz und Überlingen an [1]), ferner gebot er der Stadt Nürnberg von der verfallenen halben Judensteuer 200 Gulden an Kaspar Schlick zu zahlen [2]) und verschrieb zusammen mit seiner Gemahlin Barbara der Gemahlin Kaspars 7500 ungarische Gulden [3]), ferner 2500 böhmische Groschen [4]). Auf die Pflege zu Eger verschrieb er ihm 2100 rheinische Gulden, welche ihm der Kanzler während des Reichstages zu Eger geborgt hatte [5]) u. v. a. m.

So wufste Kaspar Schlick mit Umsicht und Klugheit jede Gelegenheit zu benutzen, eine Erwerbung zu machen. Dafs er darin nicht sehr gewissenhaft war, sondern seine amtliche Stellung und Einflufs in den Dienst seiner Privatinteressen stellte, hat schon Voigt bei der Darstellung der Freisinger Angelegenheit gezeigt [6]). Wollte jemand seine Gunst gewinnen, so waren Geldgeschenke nicht das letzte Mittel, welches man anzuwenden pflegte. Bezeichnend hierfür ist unter vielen anderen Stellen eine Anweisung des Rates von Venedig an seine Gesandten vom 29. November 1433. Daselbst heifst es: Scientes quantum dominus Gaspar Schlick cancellarius suae serenitatis pro nobis et nostris negotiis operatus est et quantum nobis afficitur quantumque gratus est imperiali maiestati ... so bestimmen wir, dafs Ihr dem Kaspar Schlick 1000 Dukaten versprecht und dafs Ihr auf jede Weise ihn für unsere Sache zu gewinnen sucht [7]). Als der Hochmeister des deutschen Ordens durch den Abschlufs des ewigen Friedens zu Brzesc den Zorn Sigmunds erregt

1) Altmann, Reg., Nr. 8063.

2) Ebend., Nr. 11449.

3) Ebend., Nr. 11752.

4) Ebend., Nr. 12176.

5) Ebend., Nr. 12144.

6) Voigt I, S. 309 und 310.

7) Deutsche Reichstagsakten, Band XI, S. 152; ferner: 286, 1; 286, 7; 290, 35; 293, 23; u. v. a. m.

hatte, schickte er dem Kanzler Kaspar Schlick einen prächtigen schwedischen Hengst zum Geschenk mit einem Bittschreiben, er möge bei dem Kaiser günstigere Gesinnungen für den Orden erwecken und denselben wegen des Friedensschlusses mit Polen rechtfertigen [1]).

Wir dürfen nicht den modernen Begriff der Bestechlichkeit in diese Verhältnisse hineintragen. Erst viele Jahrhunderte später haben die Beamten gelernt, Geld und Geschenke zurückzuweisen; wie sollten sie sich also sträuben Geschenke, auch in Geld, anzunehmen in einer Zeit, wo Raub, Verrat, Giftmord, Ehebruch nicht verschmäht wurden, wenn es Reichtümer zu sammeln galt [2]), „wo die Habsucht in der Welt so grofs war, dafs es den allmächtigen Gott erbarmen möchte“, „wo alles, was man anfing, um des Geldes willen geschah, es mochte recht oder unrecht sein“ [3]). Trotzdem ist nicht zu leugnen, dafs Kaspar Schlick seine Stellung in ganz besonders ergiebiger Weise ausgenutzt hat.

Seine Familie, sein Sturz und Tod.

Den Höhepunkt im Leben Kaspar Schlicks bezeichnet seine Vermählung mit Agnes, der Tochter Konrads III., Herzogs von Ols-Kosel, im Jahre 1437 [4]). Nicht nur der Glanz des fürstlichen Hauses trieb ihn zu dieser Verbindung, die Bande der Liebe mögen ihn nach mancher weniger ernsten Liebesgeschichte zu der Fürstentochter gezogen haben. Wie glücklich er an der Seite seiner Gattin gewesen ist, ersehen wir aus den Briefen des Äneas Sylvius an den Kanzler; in fast jedem kehrt die Mahnung wieder, er solle

1) Zwei Schreiben des Hochmeisters an den Kanzler vom 23. April und 3. Juni 1437. Vgl. Joh. Voigt, Geschichte Preufsens von den ältesten Zeiten bis zum Untergange der Herrschaft des deutschen Ordens, VI. Band, S. 694.

2) Vgl. die unten S. 40f. citierte Stelle des Äneas Sylvius.

3) Eberhart Windecke, § 350 (S. 327) und § 443 (S. 417).

4) Grotefend, Stammtafeln der schlesischen Herzogtümer; ferner: Brief des Äneas Sylvius vom 13. Dezember 1448, Nr. 110. Editio Basil. S. 618, Zeile 12 v. o.; ferner: das Gedicht des Äneas an Kaspar Schlick, Archiv für österreichische Geschichtsquellen, XVI, S. 339 u. s. w.

sich von seiner Gattin losreifsen, die Freisinger Angelegenheit erfordere dringend seine Anwesenheit am Hofe. Noch deutlicher spricht der Beileidsbrief, den er am 13. September 1448 dem Kanzler nach dem Tode seiner Gemahlin — sie war bei der Geburt eines Kindes gestorben — schickte. Mag im einzelnen manches zu überschwänglich ausgesprochen sein, wir sehen doch aus dem Briefe, dafs hier der Tod ein Familienglück zerstörte, das spät, aber um so fester begründet worden war und das in den letzten Jahren dem vielgeplagten Manne in bitteren Stunden eine Quelle neuen Mutes eröffnet haben mag.

Denn leicht war seine Stellung am Hofe Friedrichs gewifs nicht. Die alte Adelspartei, besonders vertreten durch „das Triumvirat der Steiermärkischen Weisheit" Ungnad, Zebinger und Neidberg, sah voll Hafs und Neid auf diesen Emporkömmling; nach Sigmunds Tode strebten sie danach, ihn zu stürzen und aus der Gunst Friedrichs zu drängen. So suchten sie durch Verleumdungen das Mifstrauen des Königs gegen ihn zu erregen. Kaspar Schlick hatte aus Nürnberg Briefe an einige Ungarn geschickt. Die Umgebung des Königs forderte diesen auf, sie zu eröffnen, da sie Spuren verräterischer Verbindungen des Kanzlers mit den Ungarn offenbaren würden. Friedrich war ehrlich genug, solch Ansinnen abzulehnen, indem er erklärte: „Ich halte den Kaspar Schlick für einen ehrlichen und mir ergebenen Mann. Täusche ich mich, so will ich lieber, dafs der Irrtum von selbst offenbar werde, als durch meine Bemühungen" [1]). Endlich gelang es ihnen doch, den gehafsten Kanzler zu stürzen; die Freisinger Angelegenheit bot ihnen eine günstige Gelegenheit dazu.

Wie sein Charakter viel Licht, aber auch manchen Schatten zeigt, so wurde der strahlende Glanz seines Lebens durch die Schatten seiner letzten Lebenstage getrübt. Ende 1447 oder Anfang 1448 erfolgte sein Sturz, im September 1448 starb seine Gemahlin —, der Tod mag ihm nicht

1) Aeneae Sylvii Commentarii, IV. Buch, Editio Basil. 1551, S. 494.

unwillkommen gewesen sein, als er ihn im Juli 1449 erreichte [1]).

b) Die anderen Kinder.

Neben Kaspar Schlick verschwinden seine Brüder völlig an Bedeutung. Trotzdem suchte er sie in hohe Stellungen zu bringen und verschaffte ihnen dieselben Adelserhöhungen, wie er sie erfuhr.

Matthäus Schlick.

Matthäus Schlick war ebenfalls Sekretär [2]) Sigmunds und sein Diener [3]). Er hatte die Probstei zu Altbunzlau inne, bis sie durch seine Erhebung in den Ritterstand, welche am 31. Mai 1433 zusammen mit der Kaspars vollzogen worden ist [4]), frei wurde [5]). Am 8. August 1433 wurde er, „der Ritter und Rat“, zusammen mit seinem Bruder Heinrich zum lateranensischen Pfalzgrafen mit den üblichen Befugnissen ernannt [6]). Am 1. Oktober 1434 wurde er mit seinen Brüdern in den Freiherrnstand erhoben [7]). Mit seinem Bruder Kaspar zusammen erhielt er erbeigentümlich das Gut Falkenau [8]), desgleichen das Schloſs Seebergk. Die der Familie Schlick verpfändete Burggrafschaft (Pflegschaft) zu Eger hat meist in seinen Händen gelegen. So erscheint er im Oktober 1436 [9]) und am 22. April 1449 [10]) als Burggraf zu Eger. In der Zwischenzeit wohnte er mehrere Jahre in Voigtsberg, wo er sächsischer Amtmann war [11]). Seit 1445

1) Der Tag ist nicht genau festzustellen, wahrscheinlich war es Sonnabend den 5. Juli.

2) Altmann, Nr. 8974.

3) Ebend. Nr. 9670.

4) Urkunde vom 13. Juli 1433, Lünig, S. 1178 und Gradl, Adler, Nr. 178.

5) Altmann, Reg., Nr. 9670.

6) Altmann, Nr. 9588, Lünig, S. 1177 f.

7) Ebend. Nr. 10 900.

8) Ebend. Nr. 11 218 a.

9) Gradl, Adler, Nr. 210, 211.

10) Ebend. Nr. 242.

11) Ebend. Nr. 224, 226, 228.

wohnte er wieder in Ellenbogen [1]). Eine sehr einträgliche Erwerbung machte Matthias Schlick, indem ihm am 26. November 1436 Sigmund den goldenen Opferpfennig der Erfurter Juden übertrug [2]), und zwar nicht einmalig, sondern für mehrere Jahre; denn am 1. Januar 1436 veranlaſste der Kaiser wiederum die Stadt Erfurt, dem Ritter Matthias Schlick den goldenen Opferpfennig ihrer Juden auszuzahlen [3]). Durch die Urkunde vom 8. Oktober 1436 verpfändete ihm Sigmund nochmals die Weihnachten fällige Steuer der Erfurter Juden, da er ihm für seine in Deutschland, Welschland und Ungarn geleisteten Dienste noch 1000 Gulden schuldig war [4]). Er war verheiratet mit Kunigunde, der Tochter des Erkinger von Schwarzenberg und der Barbara von Avensberg [5]), welche ihm im Juli 1445 ein Kind schenkte.

Franz Schlick.

Am wenigsten wissen wir von dem jüngsten Bruder Franz. Er wählte den geistlichen Stand und wurde am 1. Oktober 1434 zusammen mit seinen Brüdern in den Freiherrnstand erhoben [6]). In den Rechnungsbüchern der deutschen Nation wird er unter dem Jahre 1447 aufgeführt als magnificus vir d. Franciscus Slick de Lusana Pataviensis et Ratisbonensis ecclesiarum canonicus et plebanus in Brück super Muram [7]). Er ist also Domherr von Passau und Regensburg gewesen.

Heinrich Schlick.

Heinrich Schlick wurde ebenfalls Geistlicher. Trotzdem hat er vorübergehend die Pflege zu Eger verwaltet [8]). Ob-

1) Gradl, Adler, Nr. 234, 237.

2) Altmann, Reg., Nr. 9833.

3) Ebend. Nr. 11239.

4) Ebend. Nr. 11468.

5) Vgl. Michael Pelleter, Denkwürdigkeiten der Stadt Falkenau, Falkenau 1876, S. 29.

6) Altmann, Reg., Nr. 10900.

7) Acta Nationis Germanicae Universitatis Bononiensis, Berolini 1887, p. 193.

8) Gradl, Adler, Nr. 143.

gleich er ohne persönliche Bedeutung war, suchte Kaspar doch für ihn das Bistum Freising zu gewinnen. Am 28. April 1431 präsentierte ihn Sigmund für die Probstei zu Nordhausen [1]), auf welche er aber verzichtete, da er der Nachfolger seines Bruders Matthäus in der Probstei zu Alt-Bunzlau wurde [2]). Er führte den Titel Magister artium [3]). An den verschiedenen Standeserhöhungen der Schlicks nahm er teil. Am 8. August 1433 erhielt er die Würde eines lateranensischen Pfalzgrafen [4]), am 1. Oktober 1434 wurde er mit seinen anderen Brüdern in den Freiherrnstand erhoben [5]).

Nikolaus Schlick.

Nikolaus Schlick, genannt Jung Niklas, erscheint ebenfalls als Stellvertreter Kaspars in der Pflege zu Eger, so im Jahre 1434 [6]). 1431 kaufte er von dem Abte Nikolaus von Waldsassen auf seines Sohnes Wilhelm Leib zwei Dörfer, „das Höfelein“ bei Cunratsreut und „zu der Grün“ bei dem Höfelein; eine beigefügte Note lehrt uns, daſs der Abt die Dörfer dem Nikolaus auf Befehl Kaspar Schlicks für nur XX Kar Haber hat verkaufen müssen [7]). Die Stelle ist sehr bezeichnend für die Art, in der der Kanzler für seine Brüder sorgte. Am 1. Oktober 1434 wurde Nikolaus zusammen mit seinen Brüdern in den Freiherrnstand erhoben [8]).

Im Jahre 1460 gaben Kurfürst Friedrich II. von Brandenburg und Kurfürst Friedrich II. von Sachsen ihren Willebrief dazu, daſs Kaiser Sigmund die Edlen Matthes, Heinrich, Niklas und Franz, die Schlick von Passaun, Herren zu Weiſskirchen, hochgeadelt, geehret, gegräfet und gefreit habe [9]). Sie erwähnen mit keinem Worte Kaspars Grafenerhebung;

1) Altmann, Nr. 8544.
2) Altmann, Reg., Nr. 9685 und 9670.
3) Ebend. Nr. 9670.
4) Ebend. Nr. 9588.
5) Ebend. Nr. 10900.
6) Gradl, Adler, Nr. 198.
7) Ebend. Nr. 150.
8) Altmann, Reg., Nr. 10900.
9) Lünig, T. R. A. spic. sec. pag. 1194, Nr. XXII und XXIII.

es scheint demnach, daſs den Brüdern des Kanzlers ein besonderes Grafendiplom ausgestellt worden ist.

Anna Schlick,

die einzige Tochter Heinrich Schlicks, war verheiratet an Nikolaus Gunerauer aus Eger [1]).

So war also Kaspar Schlick erster Kanzler des Reiches und Böhmens, Reichsgraf von Bassano, Besitzer eines ungewöhnlichen Reichtumes und Begründer eines noch heute in Böhmen blühenden Adelsgeschlechtes geworden.

1) Gradl, Adler, Nr. 103, 198, 227.

III. Abschnitt.

Kritische Untersuchung der Urkunden, auf denen die Kenntnis der persönlichen Verhältnisse Kaspar Schlicks beruht.

Aber zu gewaltig war die Laufbahn Kaspar Schlicks und zu zahlreich die Ehren, welche er erfahren hat, als dafs nicht in die Bewunderung derselben sich ein Zweifel mischen könnte. Nicht unberechtigt erscheint dieser, wenn wir das Urteil des Äneas Sylvius über seine Zeit hören. Die Stelle mag wegen ihres allgemeinen Interesses hier vollständig angeführt werden:

„In nobilitate multi sunt gradus, mi Mariane, et sane si cuiuslibet originem quaeras, sicut mea sententia fert, aut nullas nobilitates invenias aut admodum paucas, quae sceleratum non habuerunt ortum. Cum enim hos dici nobiles videamus, qui divitiis abundant, divitiae vero raro sunt virtutis comites, quis non videt ortum esse nobilitatis degenerem? Hunc usurae ditarunt, illum spolia: Ille adulationibus. Huic adulteria lucrum prebent. Nonnullis mendacia prosunt: quidam faciunt ex coniuge questum: quidam ex natis: plerosque homicidia iuvant. Rarus est, qui iuste divitias congreget. Nemo fastum amplum facit nisi qui omnes metit herbas: congregant homines divitias multas nec unde veniant, sed quam multae veniant quaerunt: omnibus is versus placet: Unde has habeas quaerit nemo, sed oportet

1) Aeneas Sylvius, Amores Euryali et Lucretiae, Editio Basil. 1551, p. 640, Zeile 14 v. o. ff.

habere. Postquam vero plena est arca, nunc nobilitas poscitur, quae sic quaesita nihil est aliud nisi praemium iniquitatis. Maiores mei nobiles habiti sunt. Sed nolo mihi blandiri, non puto meliores fuisse proavos meos aliis, quos sola excusat antiquitas: quia non sunt in memoria eorum vitia. Mea sententia nemo est nobilis nisi virtutis amator."

Wenn wir auch an dieser Stelle von Urkundenfälschungen keine Andeutung finden, so sehen wir doch aus diesem Urteile des Äneas Sylvius über seine Zeitgenossen, daſs sie bei der Erwerbung von Adel und Reichtum nicht sehr gewissenhaft waren. Auch für umfassende Urkundenfälschungen aus jener Zeit finden sich Beispiele; so hat Ulrich von Rosenberg eine Anzahl Urkunden gefälscht, „als nach Auflösung aller Ordnung durch die hussitische Bewegung der Augenblick gekommen war, wo kluge Männer im Trüben fischen konnten; und warum sollte man so manches fette Fischlein verschmähen, wenn es einem geradezu in die Hände geschwommen kam?" [1])

Wir haben im Vorstehenden die sämtlichen von den Kaisern Kaspar Schlick und seinen Angehörigen verliehenen Urkunden als echt behandelt, obwohl bei dem Leser von selbst sich schon Zweifel werden eingestellt haben. Es wird sich bald zeigen, daſs eine Anzahl Urkunden gefälscht sind. Nun waren alle Urkunden für das Interesse der Schlicks ausgestellt. Kaspar Schlick war aber selbst Beamter, ja geradezu der entscheidende Ausstellungsbeamte.

So klärt sich die Frage nach dem Fälscher sehr einfach auf. Als solcher ist nur Kaspar verdächtig, und so ist diese Untersuchung von sonstigen Fälschungskritiken dadurch unterschieden, daſs hier der erste Kanzleibeamte der Fälscher ist und sich bei seinem Unternehmen aller Hilfsmittel der Kanzlei bedienen kann.

1) Vgl. Valentin Schmidt, Die Fälschungen von Kaiser- und Königsurkunden durch Ulrich von Rosenberg, in „Mitteilungen des Vereins für Geschichte der Deutschen in Böhmen", XXII. Jahrgang, 1894, 4. Heft, S. 317ff.

1. Allgemeine Erörterung der Gründe, welche gegen die Echtheit der Urkunden sprechen.

Folgende Punkte werden bei fast jeder Urkunde wiederkehren:

I. Die Urkunden sind nicht in die Reichsregistraturbücher eingetragen, oder wenn das geschehen ist, ist die Stelle, an der sie stehen, verdachterregend.

Wie Seeliger zeigt, ist die Eintragung der Urkunden in das R. R. und die Beifügung des Registraturvermerkes durchaus nicht mit sicherer Genauigkeit erfolgt [1]). Es ist deshalb nicht jede Urkunde, welche nicht in das R. R. eingetragen ist oder den Registraturvermerk nicht trägt, ohne weiteres als gefälscht, sondern höchstens als verdächtig zu betrachten. Dazu mufs aber Folgendes bemerkt werden: Wenn Urkunden, die wichtige Erhebungen Kaspar Schlicks bezeugen, nicht in den R. R. stehen, so liegt der Gedanke sehr nahe, dafs sie nicht den bei der Ausstellung von Urkunden üblichen Instanzenweg gegangen sind. Kaspar hatte schon lange vor seiner Erhebung zum ersten Kanzler am Hofe Sigmunds und in der Kanzlei einen so bedeutenden Einflufs, dafs nicht anzunehmen ist, es seien für ihn wichtige Urkunden nur aus Nachlässigkeit nicht in das R. R., in welches sie nach ihrem Datum gehören, eingetragen.

Noch ein Umstand erschwert den Verdacht gegen die Schlickschen Urkunden, wenn sie nicht in den R. R. stehen. Man scheint gerade bei den Adelserhebungen mit dem Eintragen besonders sorgfältig gewesen zu sein. In den Regesten der Urkunden aus der Zeit Sigmunds finden sich ungefähr 69 Erhebungen in den einfachen Adelsstand, zehn in den Freiherrnstand, zwölf in den Grafenstand, drei in den Reichsfürstenstand, 280 Urkunden bezeugen Wappenverleihungen, Wappenbestätigungen u. dgl., und 93 Ernen-

1) Gerhard Seeliger, Die Registerführung am deutschen Königshof bis 1493 in „Mitteilungen des Instituts für österreichische Geschichtsforschung“, III. Ergänzungsband, S. 223 ff.

nungen zum comes palatinus finden sich. Die meisten dieser Urkunden sind in die R. R. Sigmunds eingetragen. Die Erhebungen in den Adelsstand sind alle registriert, von den zehn Erhebungen in den Freiherrnstand sind drei [1]), von den zwölf Erhebungen in den Grafenstand vier [2]) nicht eingetragen, von den Erhebungen in den Reichsfürstenstand eine [3]). Eine nähere Untersuchung der nicht registrierten Urkunden ergiebt, wenn wir vorläufig die Schlickschen unberücksichtigt lassen, daſs sie auſser einer gefälscht sind, oder daſs wenigstens noch andere Verdachtsgründe gegen ihre Echtheit vorliegen. Daſs diese nicht registrierten Urkunden nicht frei von Verdacht bezüglich ihrer Echtheit sind, ist ein starker Beweisgrund gegen die Echtheit der Schlickschen, wenn sie nicht in die R. R. eingetragen sind.

Dabei ist allerdings nicht zu übersehen, daſs die Hauptquelle, welcher Altmann die Adelserhebungen entnimmt, die R. R. sind. Von den gesamten Adelserhebungen, Wappenverleihungen, Ernennungen zu Pfalzgrafen u. s. w., welche Altmann in den Regesten mitteilt, sind ihm nur 35 aus anderen Quellen (erhaltene Originale, beglaubigte Abschriften u. s. w.) bekannt geworden. Es ist infolge dessen die Annahme nicht ausgeschlossen, daſs noch andere nicht registrierte echte Erhebungsurkunden vorhanden gewesen sind, von denen wir keine Kunde haben, weil sie nicht registriert und weil die Originale nicht erhalten sind. Daſs dadurch das vorstehende Argument geschwächt wird, ist nicht zu verkennen. Indessen dürfen wir mit Bestimmtheit annehmen, daſs die Zahl dieser nicht registrierten, echten Urkunden, von denen wir keine Kenntnis haben, nicht groſs ist.

Nr. 4889, 10900, 12153 sind Erhebungsurkunden Kaspar Schlicks oder seiner Brüder; wir lassen sie darum vorläufig unberücksichtigt. Die anderen Urkunden, welche hier in Betracht kommen, sind folgende:

1) Altmann, Reg., Nr. 1961, 4889, 10900.
2) Ebend. Nr. 683, 7480, 10096, 12153.
3) Ebend. Nr. 11199.

1) Altmann, Nr. 683.

Urkunde vom 4. September 1413.

Sigmund erhebt den Vinziguera, Grafen zu Arco, zum Reichsgrafen.

Altmann hält die Urkunde für eine Fälschung, eine nähere Nachprüfung ist bei der Kürze des Regestes nicht möglich.

2) Nr. 1961.

Urkunde vom 10. Juni 1416.

Sigmund erneuert dem Ritter Johannes v. Raet, Herrn zu Laer, und dessen Sohn Heinrich v. Raet den erblichen Freiherrntitel.

Schon die Unterfertigung: Regis domini mei mandato Jo. Destrigon. prepositus et vicecancellarius erregt aus zwei Gründen Anstofs. Die Formel Regis domini mei mandato ist durchaus ungebräuchlich gegenüber der Formel: ad mandatum domini regis. Ferner schreibt sich Johannes Kirchen an keiner anderen Stelle Jo. Destrigon, sondern Jo. prepositus s. Stephani vicecanc. oder Joh. prepos. s. Stefani Strigon. vicecancellarius oder Joh. prepositus de Strigonio vicecanc. Dafs es einmal de Strigonia (Altmann, Nr. 1406) heifst, verdient wohl als Schreibfehler keine Beachtung [1]).

Mit der vorstehenden Urkunde beschäftigt sich eingehend der Freiherr von Ledebur [2]). Er hält sowohl das Diplom aus dem Jahre 1416 als auch den Konfirmationsbrief vom 14. Mai 1703 für Fälschungen. Jedenfalls wird in westfälischen Urkunden und Ahnentafeln die Familie nicht gefunden. Auch nimmt Fr. W. Ferdinand v. Raet genannt Bogelskamp weder für sich noch für irgend ein Mitglied seiner Familie das freiherrliche Prädikat in Anspruch. Er nennt weder sich selbst noch seinen Grofsvater Alexander Freiherrn, ebenso wenig den Batavischen Gesandten zu

---

1) Theodor Lindner, Urkundenwesen, S. 34, giebt an, dafs Joh. Kirchen bis in den November 1417 unterfertigt habe und am 30. Dezember 1417 gestorben sei. Aber er unterfertigt, wie aus den Regesten ersichtlich, noch bis in den August 1418. (Reg. Nr. 3400.)

2) Freiherr v. Ledebur, Dynastische Forschungen, Berlin 1885, S. 33.

Cassel C. A. v. Raet zu Bögelskamp in seinen 1805 erschienenen Beiträgen zur Geschichte Westfalens, 1. Teil, Anhang 4 und Vorrede XVII.

3) Nr. 7480.

Urkunde vom 11. Dezember 1429.

Sigmund erhebt den Reinhard, Herrn zu Hanau, und seine Nachkommen in den Reichsgrafenstand. Hierzu ist zu vergleichen der Brief Walter Schwarzenbergs vom 12. Dezember 1429 [1]). Iz ist rede, daz der von Heinauwe eyne grave weyrt und der alde Franke [von Kronberg] eyn herre. Iz geschit, abbir die briffe synt nach nyt gemacht.

Die Urkunde ist nicht in die R. R. eingetragen, dennoch können wir in ihre Echtheit keinen Zweifel setzen. Thatsächlich führen die Hanaws seit dem 11. Dezember 1429 beständig den Grafentitel. Vor allem ist aber zu beachten, dafs die Erhebung der Hanaus zu Grafen nicht allein dasteht, sondern dafs sie ein Glied in der Entwicklung der Standesverhältnisse der Wetterau ist [2]). Die Herren der Wetterau haben sich absichtlich lieber Nobiles Domini als comites genannt; die Herren von Hanau haben sogar durch die Ausschlagung des Grafentitels zu allen Zeiten an den Tag gelegt, dafs ihre Lande als libera Allodalia und Francica Dominia von undenklichen Zeiten auf sie gekommen seien. Aber zur Zeit Karls IV. änderten sich die Verhältnisse. Es schlich sich eine Veränderung der Titel ein, und so sahen sich auch die Herren der Wetterau gezwungen, den Titel der Grafen anzunehmen. Den Anfang machten die Herren von Falkenstein, es folgten ihnen die Herren von Hanau, von Isenburg, von Eppstein. Denn z. B. „die nobiles inferioris ordinis“, welche vorher nur Edelknechte, Edelknaben hiefsen, fingen an, den Titel Nobiles, welcher vorher nur den Freiherren zukam, zu usurpieren, „dadurch denn die Distinktion zwischen den Herren und ihren Mini-

1) Janfsen, Frankfurter Reichskorrespondenz I, 369.

2) Johann Adam Bernhard, Antiquitates Wetteraviae, Hanau 1731, p. 210 sqq.

sterialibus fast aufgehoben werden wollte". In ähnlicher Weise äufsert sich der Schweizer Chronist Stumpffius, Kap. 249: „Allein die Freyen haben ihren alten Titel behalten, ‚die Edlen', welchen Titel doch bei unseren Tagen ein jeder Edelknecht haben will."

4) Nr. 10096.

Urkunde vom 27. Februar 1434.

Sigmund erhebt den Alexander de Vandomibus aus Parma in den Reichsgrafenstand.

Hier spricht vor allem die Datierung und die Zählung der Regierungsjahre gegen die Echtheit der Urkunde [1]). Die Datierung lautet: „Datum Basileae millesimo quadringentesimo tertio die paenultima mensis februarii et confirmatum Pragae die decima octava mensis decembris sequentis anni, regnorum nostrorum anno Hungariae itidem quadragesimo octavo, Romanorum vicesimo quarto, imperii vero secundi et Bohemiae quinto decimo." Nach dem ersten Teile der Datierung ist die Urkunde am 27. Februar 1403 gegeben und am 18. Dezember 1404 bestätigt. Die Zählung der Regierungsjahre weist aber auf ganz andere Jahreszahlen hin: annus imperii secundus führt auf den 27. Februar 1435. Denn das erste Jahr der Kaiserherrschaft geht vom 31. Mai 1433 bis zum 31. Mai 1434, das zweite vom 31. Mai 1434 bis zum 31. Mai 1435. Das 24. Jahr der römischen Königsherrschaft: das erste Jahr der römischen Königsherrschaft Sigmunds geht vom 20. September 1410 bis zum 20. September 1411. Das 21. vom 20. September 1430 bis zum 20. September 1431. Das 24. Jahr vom 20. September 1433 bis zum 20. September 1434. Der 27. Februar im 24. Jahre der römischen Königsherrschaft ist also der 27. Februar 1434. Das 15. Jahr der böhmischen Herrschaft. Das erste Jahr der böhmischen Herrschaft geht vom 28. Juli 1420 [2]) bis zum 28. Juli 1421, das elfte Jahr vom 28. Juli 1430 bis zum 28. Juli 1431, das 15. Jahr vom 28. Juli

1) Über die Zählung der Regierungsjahre vgl. S. 113 f.

2) Vgl. Altmann, Nr. 4190a.

1434 bis zum 28. Juli 1435. Folglich mufs der 27. Februar im 15. Jahre der böhmischen Herrschaft der 27. Februar 1435 sein. Also einerseits pafst die Angabe des ersten Teiles der Urkunde nicht zu der Zählung der Regierungsjahre, andrerseits stehen diese unter sich im Widerspruch, indem sie teils auf den 27. Februar 1434, teils auf den 27. Februar 1435 führen. Die Urkunde kann unter diesen Umständen nicht echt sein.

5) Nr. 11199.

Urkunde vom 27. September 1435.

Sigmund erhebt seinen Schwiegervater, den Grafen Hermann von Cilly, sowie dessen Sohn Friedrich II. und dessen Sohn Ulrich in den Fürstenstand.

Altmann hält diese Urkunde für eine Fälschung der Kanzlei, weil Marquard Brisacher schon seit dem 8. Juli 1435 als Unterfertiger vorkomme [1]), also nicht mehr als Registrator thätig gewesen sein könne. Aber er erscheint auch noch in anderen Urkunden, welche nach dem 8. Juli 1435 ausgestellt sind, als Registrator [2]), ohne dafs man in ihre Echtheit einen Zweifel setzen kann. Er scheint während des Jahres 1435 als Registrator [2]) und Unterfertiger [3]) thätig gewesen zu sein. Nach Lindner [4]) ist er am 6. November 1435 Notar (Protonotar) geworden.

Trotzdem halten wir die vorliegende Urkunde vom 27. September 1435 für eine spätere Fälschung. Dafs Graf Hermann von Cilly nicht zum Fürsten erhoben worden ist, sagt deutlich die Chronik der Grafen von Cilly [5]); sie berichtet, dafs Sigmund den Grafen Hermann aufgefordert habe, nach Prefsburg zu kommen, da er ihn zu einem ge-

1) Altmann, Reg., Nr. 11125.

2) Ebend. Nr. 11134, 11150, 11158, 11178.

3) Ebend. Nr. 11125, 11163, 11183.

4) Th. Lindner, Urkundenwesen, S. 37.

5) Chronica des edlen Grafen von Cilli, S. 686, bei Simon Friedrich Hahn, Collectio Monumentorum veterum et recentium, T. II, Braunschweig 1726, p. 665—764.

fürsteten Grafen machen wolle. Graf Hermann sei auch gekommen, aber bald darauf gestorben [1]. Am 30. November 1436 erhob der Kaiser den Sohn des Grafen Hermann, den Grafen Friedrich von Cilly, und dessen Sohn Ulrich zu Reichsfürsten und gefürsteten Grafen und ihre Grafschaften Cilly, Ortenburg und Sternberg zum Reichsfürstentum [2]). Diese Urkunde zeigt deutlich, daſs vorher eine Erhebung der Grafen von Cilly in den Reichsfürstenstand nicht stattgefunden hat. Der Kaiser erwähnt ausdrücklich, daſs er den Grafen Hermann von Cilly nach seiner Verheiratung mit dessen Tochter Barbara die Grafschaft Ortenburg verliehen und ihm und seinen Nachkommen einen Brief darüber gegeben habe [3]). Es findet sich keine Andeutung davon, daſs die Herrschaft zu einem Fürstentum erhoben worden sei. Im Gegenteil, ohne auf eine frühere Urkunde in irgend einer Weise Bezug zu nehmen, sagt er, daſs er durch die vorliegende seinen Schwager Friedrich und dessen Erben gefürstet und zu gefürsteten Grafen gemacht und daſs er ihre Grafschaften Cilly, Ortenburg, Sternberg zu einem rechten und wahren Fürstentum des heiligen Reiches erhoben habe. Nun giebt es aber auſser der Urkunde vom 27. September 1435 noch eine, durch welche Graf Hermann von Cilly, sein Sohn Friedrich und dessen Sohn Ulrich in den Reichsfürstenstand erhoben werden, womit die Erhebung ihrer Herrschaft zu einem Fürstentume verbunden ist [4]). Sollen wir diese ebenfalls für eine Fälschung erklären? Ficker nimmt an, daſs diese Urkunde zwar auf königlichen Befehl ausgestellt, aber nicht veröffentlicht worden ist, da

1) Die Chronik sagt, er sei am 14. Oktober 1434 gestorben. Das kann aber nicht richtig sein, da am Eingange des betr. Kapitels steht Drei Jahre nach der Krönung König Sigmunds zum römischen Kaiser. Auſserdem ist zu beachten, daſs Sigmund erst am 8. Oktober 1434 (Altmann, Reg., Nr. 10942) nach Preſsburg gekommen ist, während die betreffende Stelle der Chronik eine längere Anwesenheit Sigmunds in Preſsburg als sechs Tage voraussetzt.

2) Altmann, Reg., Nr. 11542

3) Vgl. Chronik, S. 754.

4) Altmann, Nr. 7678.

die Herzöge von Osterreich sich durch jene Erhebung in ihren Interessen verletzt fühlten und Widerspruch erhoben [1]).

Somit ergiebt sich, dafs Sigmund schon im Jahre 1430 die Cillier zu gefürsteten Grafen hat erheben wollen, aber durch den Widerspruch der Herzöge von Österreich daran gehindert worden ist. Die beabsichtigte Erhebung des Grafen Hermann von Cilly im Jahre 1435 ist durch den Tod des Grafen verhindert worden. Am 30. November 1436 hat er den Grafen Friedrich und dessen Sohn Ulrich dann endgültig zu Reichsfürsten und gefürsteten Grafen von Cilly und ihre Grafschaften zum Reichsfürstentum erhoben. Später hat man eine Erhebungsurkunde für Hermann, Friedrich und Ulrich von Cilly hergestellt und nach Prefsburg auf die Zeit datiert, in der Sigmund thatsächlich den Grafen Hermann zum Fürsten erheben wollte.

Wenn wir noch von den Schlickschen Urkunden absehen, so machen sich also, mit einer Ausnahme, gegen jede Erhebungsurkunde, welche nicht in den R. R. steht, Bedenken geltend. Es ist damit noch nicht jede Schlicksche Urkunde, welche nicht in den R. R. steht, als Fälschung nachgewiesen; dafs sie aber dadurch aufs schwerste verdächtigt ist, kann nicht bezweifelt werden.

Bedeutsam für die vorstehende Frage ist auch ein Bescheid Sigmunds, in dem er erklärt: „So meinen wir auch nicht, dafs Raban (Bischof von Speier) einen Majestätsbrief vorgebracht habe oder vorbringen möchte, der nicht registriert wäre, da in unserer Kanzlei kein Majestätsbrief versiegelt wird, er sei denn registriert und habe des sein Zeichen" [2]).

II. Der zweite Grund, welcher bei fast jeder Urkunde gegen ihre Echtheit angeführt werden wird, ist folgender:

Kaspar Schlick nennt sich selbst niemals bei späteren Gelegenheiten Freiherr, Graf u. s. w., wird auch von anderen

---

1) Julius Ficker, Vom Reichsfürstenstande, I. Band, Innsbruck 1861, S. 119.

2) Th. Lindner, Urkundenwesen, S. 208 f.

nicht so genannt, während häufig recht umständliche Titulaturen und Standesbezeichnungen angewendet werden.

In den Urkunden, welche im zehnten Bande der Deutschen Reichstagsakten stehen, unterfertigt sich Kaspar Schlick immer: ad mandatum domini regis: Caspar Schlick. Die im elften Bande unterfertigten Urkunden fallen in die Zeit vom 2. Juni 1433 bis zum 29. November 1435. Kaspar Schlick erscheint in ihnen ca. 80 Mal, sei es als Unterfertiger, sei es, dafs von ihm gesprochen wird. Als Unterfertiger nennt er sich Caspar Schlick oder Caspar Schlick cancellarius imperialis et miles oder Caspar Schlick cancellarius; sonst wird er genannt: Dominus Caspar Schlick cancellarius oder her Caspar Schlick oder her Caspar Schlick, der Kanzler, oder herr Caspar Schlick, unseres Herrn des Kaisers oberster Kanzler oder einfach Herr Kaspar oder der Kanzler Caspar Schlick oder dominus Caspar Schlick cancellarius imperialis oder dominus cancellarius oder schlechthin „der Kanzler“. Als Ritter wird er oft bezeichnet, auch als Pfleger zu Eger, Burggraf zu Ellenbogen, aber an keiner einzigen Stelle wird er Freiherr, Graf u. s. w. genannt. Es wird auf seine Freiherrnerhebung nicht einmal in der Urkunde Bezug genommen, welche die Erhebung seiner Brüder zu Freiherren ausspricht [1]).

Auch Lünigs Sammlung der Schlickschen Urkunden bietet Belege dafür, dafs Kaspar Schlicks Urkunden später ausgestellt worden sind, als ihr Datum angiebt. Lünig Nr. II [2]): Kaiser Sigmund erhebt am 1. Juni 1433 den Kaspar Schlick zum lateranensischen Pfalzgrafen. Er nennt ihn: Magnificus et generosus miles Caspar Schlick, sacri Lateranensis palatii comes palatinus cancellarius noster et sacri Imperii fidelis sincere dilectus.

Lünig Nr. IV. Urkunde vom 13. Juli 1433: Sigmund fügt zum Schlickschen Wappen einen halben goldenen Löwen mit ausgestreckten Krallen hinzu. Er nennt den Kaspar:

1) Lünig, T. R. A. Spic. sec., p. 1182.
2) Ib. p. 1157 sq. Altmann, Reg., Nr. 9468.

Der Edle Caspar Schlick, Ritter, unser und des Reiches und auch der Crone zu Behem Cantzler, Pfleger zu Eger und Burggraf zum Ellenbogen, unser besunder heimlicher und lieber Getreuer.

Lünig Nr. V [1]). Urkunde vom Jahre 1434: Sigmund überläſst dem Kaspar Schlick Ellenbogen, Schlackenwert u. s. w. Er nennt ihn: Der Edle Caspar Slick, Ritter, unser Cantzler Burggraf zu Eger und besunder lieber Getreuer.

Lünig Nr. VI [2]). Urkunde vom Jahre 1434. Erhebung der Brüder in den Reichsfreiherrnstand; Kaspar heiſst: Der Edle Caspar, unser Cantzler, ihr Bruder.

Lünig Nr. VII [3]). Urkunde vom Jahre 1435. Sigmund giebt dem Kaspar Schlick das Gut Falkenau im Ellenbogener Kreise. Er nennt ihn: Der Edle Caspar Schlick, Ritter, Pfleger zu Eger und zum Ellenbogen, unser Cantzler.

Lünig Nr. VIII [3]). Urkunde vom Jahre 1436. Herzog Albrecht von Österreich spricht den „Edlen Casparn den Slicken, Seiner Gnaden Kantzler" von der Bürgschaft los, die er übernommen hat.

Lünig Nr. IX [4]). Urkunde vom Jahre 1437. Sigmund und seine Gemahlin Barbara verschreiben „Dem Edlen, Herrn Caspar Schlicke, Ritter, unserm Kaiserl. Cantzler und Burggrafen zu Eger und zum Ellenbogen" und seiner Gemahlin Agnes als Heiratsgut 7500 Gulden.

Lünig Nr. X [5]). Urkunde vom Jahre 1437. Sigmund giebt dem Edlen Caspar Schlick, Ritter, Pfleger zu Eger und zum Ellenbogen, seinem Cantzler und lieben Getreuen das Gut Lichtenstädt.

Lünig Nr. XIII [6]). Urkunde vom 10. Dezember 1437. Albrecht, Herzog von Osterreich, und Christoph, Pfalzgraf bei Rhein, bezeugen dem „Edlen Caspar Schlick, Ritter,

1) Lünig, S. 1179 f.
2) Ebend. S. 1182.
3) Ebend. S. 1183 f.
4) Ebend. S. 1184.
5) Ebend. S. 1185.
6) Ebend. 1187.

Sr. Kayserl. Gn. Cantzler, Burggraf zu Eger und zum Ellenbogen", daſs er alle Siegel vernichtet habe.

Lünig Nr. XV [1]). Urkunde vom Jahre 1439. Albrecht bestätigt dem „Edlen Caspar Schlick, Ritter, Pfleger zu Eger und zum Ellenbogen, seinem Cantzler und lieben Getreuen", Lichtenstädt mit allen Pertinentien.

Lünig Nr. XVI [2]). Urkunde vom 1. Januar 1440. Königin Elisabeth bestätigt dem „Edlen Herrn Caspar Sligk, Ritter, ihrem Pat und besunder lieben Getreuen" Eger, Ellenbogen u. s. w.

Lünig Nr. XVII [3]). Urkunde vom Jahre 1448. Königin Elisabeth bestätigt dem „Edlen Caspar Schlick, Ritter, Pfleger zu Eger und zum Ellenbogen, ihrem Rat und lieben Getreuen", Lichtenstädt mit allen Pertinentien.

Lünig Nr. XVIII [4]). Urkunde vom Jahre 1442. König Friedrich erhebt auf Bitten des „Edlen Caspar, Herrn zu Weiſskirchen, seines Rates" dessen Brüder in den Freiherrnstand.

Daſs König Albrecht im Jahre 1439 dem Kaspar Schlick seine Erhebung zum Freiherrn und Grafen bestätigt, kann die Echtheit der betr. Urkunden nicht beweisen; wir halten diese Bestätigungsurkunde ebenfalls für eine Fälschung.

Auch andere Urkunden haben für die vorstehende Frage Bedeutung, so z. B. die vom 29. Juni 1439 [5]), durch welche Kaspar Schlick auf die Toggenburgische Herrschaft verzichtet, die dem Grafen von Montfort übertragen wird. Er heiſst: Der Edle Kaspar Schlick, unser Kanzler, Herr zu Weiſskirchen. Bei dem Vertrage zwischen Kaiser Friedrich III. und der Königin Elisabeth vom 23. August 1440 nahm u. a. auch Kaspar Schlick an den Verhandlungen teil. Er wird in der betreffenden Urkunde nur: Herr Caspar

1) Lünig, S. 1189.
2) Ebend. S. 1190.
3) Ebend. S. 1190.
4) Ebend. S. 1191.
5) Du Mont, Corps Universel Diplomatique III, 1, S. 65.

Schlick, Burggraf zu Eger und zum Ellenbogen genannt [1]).

Mehrere Briefadressen zeigen ebenfalls deutlich, daſs die Adelsurkunden nicht an dem Tage, welchen ihr Datum angiebt, ausgestellt und der Öffentlichkeit übergeben worden sind. So trägt z. B. der Brief des Äneas Sylvius vom 23. Dezember 1442 folgende Adresse: Eneas Sylvius poëta s. d. Magnifico et praestantissimo militi domino Gaspari Slick Imperiali Cancellario apprime merito [2]). Ferner der Brief vom 3. Juli 1444: Magnifico ac generoso militi domino Gaspari Schlick, domino Novi Castri Caesareo cancellario ac terrarum egrae cubitique Capitaneo domino praecipuo Aeneas Sylvius Poëta imperialisque secretarius S. P. D. [3]). In einem Briefe vom 12. Oktober 1447 findet sich die Adresse: Reverendis in Christo patribus et magnificis ac spectabilibus militibus dominis Frederico episcopo Seccoviensi, Gaspari Slick cancellario et Novi castri domino . . . [4])

In seiner Geschichte Kaiser Friedrichs III. nennt Äneas Sylvius den Kanzler nie Graf Schlick, erwähnt auch nie seine Adelserhöhungen. Wir werden die Bedeutung dieses Umstandes nicht zu überschätzen haben; der Kanzler war zur Zeit Friedrichs gewiſs eine sehr bekannte Persönlichkeit, so daſs wir uns garnicht wundern dürfen, daſs er an einer Stelle schlechthin der Kanzler Kaspar genannt wird. Wenn er aber andere, ebenfalls sehr bekannte Grafen, z. B. die Grafen v. Cilly, stets als Grafen bezeichnet, so ist es doch auffällig, daſs wir nie bei Kaspar eine Andeutung seiner gräflichen u. s. w. Würde finden. Was die Titulaturen in den Akten des Egerer Archivs betrifft, so weist Gradl darauf hin, daſs die Egerer niemals jemandem an der Titulatur etwas abbrachen. Wenn in den Belegen das Geschlecht nicht sofort in einer Art Glanzstellung erscheint, sondern

1) Kollar, Annales Vindobonenses, Spalte 846.

2) Georg Voigt, Archiv für österreichische Geschichtsquellen, S. 337, Brief Nr. 12.

3) Opera Aeneae Silvii p. 622, Brief Nr. 112.

4) Chmel, Materialien zur österreichischen Geschichte, I. Band, S. 257.

sich besonders durch Kaspars Thätigkeit und Fürsorge erst in solche Stellung schwingt, so mufs das den Grund in der realen Sachlage haben [1]). Interessant ist der Reisebericht eines andalusischen Edelmannes [2]), Peter Tafur, der von seiner Heimatstadt Sevilla aus durch einen grofsen Teil von Europa eine Reise unternahm. Er reiste von Nürnberg an in Begleitung Kaspar Schlicks und kam mit diesem nach Eger, wo sie die Hochzeit des Matthäus Schlick mitmachten. Dann reisten sie nach Breslau, wo Peter Tafur dem Könige Albrecht vorgestellt wurde. Er nennt den Kanzler immer nur Kaspar Schlick oder Vizekanzler Kaspar Schlick. Besonders ist zu beachten, dafs er bei keiner Gelegenheit irgend eine Andeutung über die Standeserhöhungen Kaspars macht. Er sagt an einer Stelle (S. 521, Zeile 7 v. u.) „Da kamen wir nach einer Stadt, Eger genannt, in der hatte der Kaiser dem Kaspar Schlick die höchsten Ämter übertragen und hier hatte er sein Hauswesen“. An dieser Stelle hätte eine auf die Adelserhöhungen Kaspar Schlicks bezügliche Bemerkung stehen können. Dafs solche Andeutung fehlt, ist nur damit zu erklären, dafs der Kanzler damals noch nicht Freiherr u. s. w. war, was er nach der Datierung der betreffenden Diplome schon hätte sein müssen.

III. Nachdem wir bereits festgestellt haben, dafs die Mutter Kaspar Schlicks nicht aus dem Hause der Grafen von Collalto stammt, sondern die Tochter eines Bürgers aus Eger ist, werden wir alle Urkunden, welche auf die gräfliche Abstammung der Mutter Kaspars Bezug nehmen, ja sogar mit grofser Ausführlichkeit darauf eingehen, als verdächtig betrachten müssen.

IV. In mehreren Urkunden stimmt die Zählung der Regierungsjahre nicht. Sigmund wurde am 31. März 1387 zum ungarischen, am 20. September 1410 zum römischen

1) Gradl, Adler, S. 1.

2) Peter Tafurs Reisen im deutschen Reiche in den Jahren 1438/39, nach dessen eigenen Aufzeichnungen bearbeitet von Konrad Häbler. Zeitschrift für allgemeine Geschichte, Kultur-, Litteratur- und Kunstgeschichte, IV. Band, 1887, S. 502 ff.

Könige gewählt; am 28. Juli 1420 zum böhmischen Könige und am 31. Mai 1433 zum römischen Kaiser gekrönt. Von diesen Daten aus müssen die Regierungsjahre gezählt werden, wie es auch Altmann in den Regesten durchführt. Thatsächlich richtet sich auch in den meisten Urkunden die Zählung der Regierungsjahre genau nach jenen Daten. Um so auffälliger mufs es sein, wenn sich in einzelnen die Zählung der verschiedenen Regierungsjahre widerspricht.

2. Untersuchung der einzelnen Urkunden.

Nicht alle der oben angeführten Urkunden werden sich als Fälschungen erweisen. Es kann kein Zweifel sein, dafs Sigmund gern und häufig seinen tüchtigen Diener belohnt hat, zumal dieser gewifs keine Gelegenheit versäumte, den Kaiser zu Verleihungen für sich und seine Brüder anzuregen. Wir lassen deshalb bei der folgenden Besprechung viele Urkunden unberücksichtigt, teils weil wir sie für echt halten, teils weil sie infolge des Fehlens der Originale der Untersuchung nicht genügend Stützpunkte bieten; so müssen wir mehrere Urkunden, die nicht in den R. R. stehen, als Fälschung verdächtigen, ohne im Stande zu sein, solche Zweifel näher zu untersuchen. Wir wollen es z. B. dahingestellt sein lassen, ob die Urkunde vom 1. Juni 1433 [1]), durch welche Kaspar Schlick zum lateranensischen Pfalzgrafen erhoben wird, eine Fälschung ist. Zwar steht sie nicht in den R. R., auch stimmt die Zählung der böhmischen Regierungsjahre nicht, denn der 1. Juni 1433 fiel in das 13., nicht in das 14. Jahr der böhmischen Königsherrschaft Sigmunds, aber die Pfalzgrafenwürde ist viel zu häufig auch an niedriger stehende Männer gegeben worden, als dafs wir zweifeln könnten, dafs sie der oberste Kanzler besessen habe. Noch sicherer halten wir die Urkunde vom 8. August 1433 für echt, durch welche Matthäus und Heinrich, die Brüder Kaspar Schlicks, zu lateranensischen Pfalzgrafen gemacht werden [2]); Kanzlei-

1) Altmann, Nr. 9468; Lünig, S. 1175f.
2) Altmann, Reg., Nr. 9588; Lünig, S. 1177f.

unterfertigung und Registraturvermerk sind in Ordnung, und die Urkunde steht im R. R. an der Stelle, wohin sie ihrem Datum nach gehört, ebenso stimmt die Zählung der Regierungsjahre.

Die Untersuchung der einzelnen Urkunden wird zeigen, daſs nicht nur Adelsdiplome Kaspar Schlicks und seiner Brüder gefälscht sind, sondern daſs auch einzelne Urkunden, durch welche ihm Reichslehen, Güter, Schlösser u. s. w. zugesprochen werden, nicht echt sind. Der Mann, welcher mit hervorragender Tüchtigkeit viele Jahre unter drei Kaisern als erster Kanzler gedient hat, benutzte seine Stellung, um sich und seinen Erben Adel und Reichtum zu gewinnen; er hat, wie so mancher seiner Zeitgenossen, es verstanden, „im Trüben zu fischen“.

a) Adelsurkunden Kaspar Schlicks aus Sigmunds Zeit.

1) Urkunde vom 13. August 1416[1]).

Sigmund bestätigt und bessert dem Heinrich Schlick und dessen Sohne Kaspar, seinem Schreiber, ihr Wappen.

Die Urkunde ist sehr wahrscheinlich eine Fälschung, denn:

a) Sie steht nicht in den R. R. Sigmunds,

b) Der Unterfertiger lautet Michael de Priest; er nennt sich hier: Pragensis et Wratislaviensis ecclesiae canonicus. Aber Michael unterfertigt sich erst seit dem März 1417 als canonicus Pragensis et Wratislaviensis[2]), vorher nur als canonicus Wratislaviensis; auſser der vorliegenden Urkunde nennt er sich nur in der vom März 1416: Michael Pragensis et Wratislaviensis canonicus[3]).

c) Die Urkunde enthält eine ganz auſsergewöhnliche Auszeichnung, indem, wie schon ausgeführt, die Schlicks damit dem dienstherrlichen Adel gleichgestellt werden, während

---

1) Altmann, Nr. 1974; Lünig, S. 1174. Vgl. Gustav Seyler, Geschichte der Heraldik, S. 351.

2) Altmann, Reg., Nr. 2111, 2149.

3) Ebend., Nr. 1944.

sie vorher nicht einmal rittermäſsig waren. Auch ist die Pönklausel etwas durchaus Ungebräuchliches. Daher nennt sogar Wacek die Urkunde „einen äuſserst merkwürdigen Wappenbrief“, während er sonst in kein Adelsdiplom des Schlickschen Hauses Zweifel setzt [1]).

d) Wie schon bemerkt, wurde die längere Abwesenheit eines Bürgers von Eger in den Losungsbüchern der Stadt durch die Bemerkung vias oder vias agit angedeutet. Solche Notiz findet sich bei dem Namen Heinrich Schlicks nicht; im Gegenteil, am 4. August 1416, also zur angeblichen Ausstellungszeit der Urkunde, steht im Ratsherrnbuche der Stadt Eger eingetragen, daſs Nikolaus Gunerauer das Baumeisteramt berechnet hat in Gegenwart des Bürgermeisters Sigmund Ruduschen und der Ratsherren Heinrich Schlick und Konrad Newkirchers [2]). Also hat Heinrich Schlick gar nicht die Reise Sigmunds nach Frankreich und England mitgemacht.

2) Urkunde vom 16. Juli 1422, Nürnberg [3]).

Sigmund erhebt den Edlen Kaspar Schlick, Herrn zu Neuhaus (Weiſskirchen), und dessen Nachkommen in den Freiherrnstand und erlaubt ihm, in sein Wappen das seiner Mutter Constantia, Gräfin von Colalto, aufzunehmen.

Die Urkunde ist unzweifelhaft eine Fälschung; denn

a) sie steht nicht in den R. R. Sigmunds;

b) in keiner der uns überlieferten Urkunden, Briefadressen u. s. w. wird Kaspar Schlick als Freiherr bezeichnet; auch wird auf seine Erhebung zum Freiherrn nur in sehr wenigen Urkunden Bezug genommen, so in der vom 25. Juli 1437 [4]), vom 30. Oktober 1437 [5]) und in der Bestätigungs-

---

1) Franz Aloysius Wacek, bischöflicher Notar, Sekretär und Dechant in Kopidlno; Archiv für Geschichte, Statistik, Litteratur und Kunst, 1826, XVII. Jahrgang, S. 600, Zeile 1.

2) Gradl, Adler, Nr. 51.

3) Altmann, Nr. 4889; J. Chmel, Regesta Friderici IV Romanorum Regis, imperatoris III. Wien 1838, Nr. 946.

4) Altmann, Reg., Nr. 119.3.

5) Ebend., Nr. 12148.

urkunde Albrechts vom 26. April 1439 [1]. Aber gerade diese werden sich als Fälschung erweisen.

Zu den bereits oben angeführten Urkunden und Briefadressen kommen aus der Zeit von 1429—1436 noch andere hinzu. Es bedarf keiner besonderen Erklärung, daſs wir in Aktenbüchern, wie z. B. in den Ausgabelisten der Stadt Eger, wo die Ausgaben nur mit kurzen Notizen verzeichnet sind, nicht umständliche Titelangaben finden werden. Aber auch in den gröſseren Urkunden wird Kaspar Schlick nie Freiherr genannt. In der Urkunde vom 16. Oktober 1430 [2], in welcher der König ihm gestattet, die von ihm (Sigmund) den Egerern verpfändete Pflege zu Eger auszulösen, nennt er ihn den namhaftigen und ehrbaren Kaspar Schlick, Vizekanzler, Protonotar, Sekretär und besonders lieben Getreuen; es ist wohl kein Zweifel, daſs er ihn auch als Freiherrn betitelt hätte, wenn Kaspar früher dazu ernannt worden wäre. Durch die Urkunde vom 16. März 1433 giebt der König den beiden Boten, unter denen sich Kaspar Schlick befindet, zu den Verhandlungen mit Papst Eugen Vollmacht; er nennt ihn: Gaspar Slick, vicecancellarius noster et capitaneus terrarum Egrae [3]. In dem Eide, welchen die beiden Bevollmächtigten am 7. April 1433 schwören, nennt sich Kaspar: Gaspar Slick vicecancellarius et capitaneus terrarum Egrae [4]. Ebenso ist u. a. bezeichnend die Urkunde vom 30. September 1434 [5], in der ihm das Schloſs Seebergk verliehen wird; Kaspar wird hier als Edler, Ritter, Kanzler und Burggraf zu Eger und zum Ellenbogen bezeichnet, aber nicht als Freiherr. Ferner die Urkunde [6] vom 28. Oktober 1435, durch die ihm Falkenau verliehen wird. Er heiſst: Caspar Schlick, Ritter, Pfleger zu Eger und zum Ellenbogen,

1) Lünig, Nr. XIV, S. 1188.

2) Gradl, Adler, Nr. 136.

3) Conciliorum Tomus XXX, concilium Basileense sub Eugenio papa IV, ab anno 1431 ad annum 1442, Parisiis 1644, p. 818.

4) Ebend. p. 819.

5) Gradl, Adler, Nr. 196.

6) Ebend. Nr. 204.

sein Kanzler. In der Urkunde [1]) vom 24. August 1436 heifst er Caspar Schlighk, Ritter, sein Kanzler und lieber Getreuer. Durch die Urkunde vom 4. März 1437 beruft Kaiser Sigmund die deutschen Fürsten zum Reichstage nach Eger; Kaspar Schlick unterfertigt sich: Ad mandatum Dn. Imperatoris C. Sligk miles, cancellarius [2]).

Besonders deutlich zeigen einige Briefadressen, dafs man zu Lebzeiten Kaiser Sigmunds nichts von einer Erhebung Kaspar Schlicks in den Freiherrnstand gewufst hat. Am 20. Oktober 1429 schrieb der Nürnberger Bürger Peter Volkmer an Kaspar Schlick: „Dem erbern und weisen herrn Caspar Slicken prothonotarii und secretarii jetzunt vicecancellario u. s. w. meinem lieben herrn und gönner [3]).“ Am 4. Juli 1433 schrieb der Herzog Wilhelm von Bayern an den Kanzler einen Brief [4]); er gratuliert ihm dazu, dafs ihn der Kaiser zum Ritter geschlagen habe und bittet ihn mit den höflichsten Worten, er möge sich doch beim Kaiser für die Angelegenheiten interessieren, wegen deren er an diesen geschrieben habe. Auf der Rückseite steht folgende Adresse: „Dem weisen vesten und namhaftigen ritter Casparn Slicken unseres allergnädigsten herrn des römischen kaisers viceconcelier und burggraven zu Eger unserem nachpawren vor dem Behaimer Walde und lieben besunderen.“ Wenn er ihn in dieser umständlichen Adresse nicht als Freiherrn bezeichnet, so ist es gewifs keine Nachlässigkeit des Herzogs, sondern nur damit zu erklären, dafs Kaspar Schlick damals nicht Freiherr war.

Dafs so zahlreiche Urkunden eine Andeutung seiner freiherrlichen Würde vermissen lassen, ist ein Beweis dafür, dafs die Urkunde vom 16. Juli 1422 später, als ihr Datum angiebt und später als jene Urkunden ausgestellt oder bekannt geworden ist. Zu demselben Schlusse führt die Thatsache,

1) Gradl, Adler, Nr. 210.

2) Christophorus Lehmann, Chronica der freien Reichsstatt Speier, Frankfurt a. M. 1662, p. 905.

3) Deutsche Reichstagsakten IX, S. 339.

4) Ebend. XI, S. 42 f.

dafs Kaspar Schlick in der Urkunde Herr zu Weifskirchen genannt wird. Wie bereits oben gezeigt, hat er wahrscheinlich erst unter Albrechts oder Friedrichs Regierung diese Herrschaft erhalten; sicher ist jedenfalls, dafs er 1422 sie noch nicht besessen hat. Dafs Eberhart Windecke Kaspars Erhebung zum Freiherrn berichtet, kann kein Beweis für die Echtheit der betreffenden Urkunde sein. Die Notiz Eberharts ist viel zu ungenau, als dafs wir grofsen Wert auf sie legen könnten. Er sagt: „Als der Kaiser in Siena war und mit dem Papst und den Venedigern und den Florentinern wohl eins wurde und nach Rom wollte, wie er auch that, da machte der Kaiser Kaspar Schlick zu einem römischen Kanzler und machte ihn zu einem Freiherrn und schlug ihn selbst zum Ritter [1]." Demnach soll ihn Sigmund erst in Rom bei der Kaiserkrönung zu einem Freiherrn erhoben haben. Aufserdem ist für die Beurteilung der Notiz Eberharts das Verhältnis, in dem er zum Kanzler stand, von Wichtigkeit. Bei mehreren Gelegenheiten [2]) erwies dieser sich ihm gefällig, weshalb er ihm auch ein besonderes Exemplar seines Werkes zurecht gemacht hat [3]).

Allerdings wird Kaspar Schlick in vielen Urkunden der Edle genannt, eine Bezeichnung, welche noch 100 Jahre vorher nur Freiherren zukam. Aber in der zweiten Hälfte des 14. Jahrhunderts ist darin eine Änderung eingetreten. Eine Andeutung dieser Entwicklung finden wir bereits bei Bernhard, der davon spricht, dafs die nobiles inferioris ordinis, welche vorher nur Edelknechte, Edelknaben hiefsen, anfingen, den den Freiherren zugehörenden Titel zu usurpieren [4]).

Desgleichen wird eine nähere Betrachtung der Titel einzelner Geschlechter zeigen, dafs einerseits freiherrliche Geschlechter aus der Zeit Sigmunds gar nicht oder nur sehr selten als Edle bezeichnet worden sind, andrerseits Familien,

1) Vgl. Eberhart Windecke, ed. Altmann, S. 380.

2) Ebend. Cap. 365, S. 439.

3) Vgl. Lorenz, Deutschlands Geschichtsquellen, S. 299.

4) Bernhard, Antiquitates Wetteraviae, p. 218.

deren Angehörige die Bezeichnung Edle führen, nicht freien Standes gewesen sind. Freiherrliche Geschlechter aus der Zeit Sigmunds sind z. B. die von Krenkingen, Gundelfingen, Geroldseck, Ramstein. In den Regesten Sigmunds führen, die von Krenkingen nicht einmal die Bezeichnung Edle. Aus dem Geschlechte der Gundelfinger kommen in den Regesten der Urkunden Sigmunds vor: Friedrich von Gundelfingen [1]), er wird nicht Edler genannt, sondern es werden Edle als seine oder seiner Söhne Lehnsleute angeführt. Ferner Georg von Gundelfingen [2]); in der zweiten Urkunde erscheint er allerdings unter einer grofsen Zahl von Männern, die als Edle bezeichnet werden. Aber da diese nicht alle Freiherren sind, so ist auch die Bezeichnung Edler nicht als ausschliefslich mit der freiherrlichen Würde verbunden zu betrachten. Ferner erscheinen in den Urkunden noch Heinrich [3]), Konrad [4]) (Pfarrer von Nalb), Sweiker von Gundelfingen [5]); an keiner Stelle führen sie die Bezeichnung der Edle. Aus der freiherrlichen Familie von Geroldseck kommen in 44 Urkunden neun Mitglieder vor, ohne dafs einmal die Bezeichnung Edler beim Namen steht. Aus der freiherrlichen Familie von Ramstein erscheinen in 16 Urkunden drei Herren von Ramstein. Nur in einem Falle heifst es: der Edle Thyring v. Ramstein [6]). Andrerseits finden wir in den Urkunden Familien oder Männer als Edle bezeichnet, welche nicht freiherrlichen Standes gewesen sind, so z. B. die Edlen Johann und Hugard von Eltern aus dem Luxemburgischen [7]), ferner der Edle von Schellenberg [8]), der Edle Otto von Eulenburg [9]), der vorübergehend die Pflege in der

1) Altmann, Reg., Nr. 612.
2) Ebend. Nr. 4318, 6311.
3) Ebend. Nr. 766.
4) Ebend. Nr. 3749.
5) Ebend. Nr. 1155, 4085.
6) Ebend. Nr. 2341.
7) Ebend. Nr. 6262,
8) Ebend. Nr. 6548.
9) Ebend. Nr. 7782.

Stadt Eger inne gehabt hat, ferner der Edle Wilhelm Hase [1]), oberster Küchenmeister in Böhmen, der Edle Hans Ulrich von Hohen-Ems aus Vorarlberg [2]), der Edle Hermann Hack [3]).

Somit ergiebt sich, daſs die Bezeichnung der Edle im Anfange des 15. Jahrhunderts nicht mehr ein Beweis dafür ist, daſs der Betreffende dem freiherrlichen Stande angehört hat.

c) Ein fernerer Grund gegen die Echtheit der Urkunde vom 16. Juli 1422 ist, daſs in ihr mit groſser Ausführlichkeit die Abstammung der Mutter Kaspars auseinandergesetzt wird. Da wir aber bereits wissen, daſs seine Mutter eine Bürgerstochter aus Eger war, so ist schon allein deswegen die Urkunde als eine Fälschung anzusehen.

d) Die Datierung stimmt nicht.

Sigmund war am 10. Juli in Wien, am 14. in Enns, am 15. in Ebelsberg (Ebersberg) dicht unterhalb der Ennsmündung, am 19. in Straubing, am 20. in Regensburg und erst am 24. in Nürnberg. Er reiste also von Wien aus Donau aufwärts nach Nürnberg, wo er am 24. Juli ankam.

Die falsche Datierung darf in ihrer Bedeutung als ein Beweisgrund gegen die Echtheit einer Urkunde nicht überschätzt werden, denn häufig stimmt auch in echten Urkunden die Datierung nicht. Aber dann liegt meistens der Fall vor, daſs der König an dem betreffenden Datum schon den Ort verlassen hat; eine Nachlässigkeit der Kanzlei erklärt solchen Irrtum leicht. Hier handelt es sich aber darum, daſs der König an diesem Tage noch nicht in Nürnberg war, sondern erst acht Tage später dorthin gekommen ist. Das läſst sich vielleicht damit erklären, daſs das Tagesdatum des Beurkundungsbefehles gewahrt blieb, während der Ort der Unterfertigung eingesetzt wurde, aber weit näher liegt die Erklärung, daſs der spätere Fälscher nicht genau über das

1) Altmann, Reg., Nr. 8430.

2) Ebend. Nr. 9972.

3) Ebend. Nr. 320.

Itinerar Sigmunds unterrichtet war und sich um mehrere Tage geirrt hat.

e) In dem Wappenbuche des Conrad Grünenberg [1]) sind die Adelsgeschlechter so angeordnet, daſs auf Folio 61—68 die Grafen, 89—99 die stehen, welche ausdrücklich als fryherrn oder als fry bezeichnet sind [2]). Auf den folgenden Blättern bis 127 finden wir die Wappen von Ministerialengeschlechtern; nur wenig freiherrliche Wappen kommen zwischen ihnen vor, ihre Besitzer sind als Freie bezeichnet. Unter dieser Gruppe der Ministerialengeschlechter steht ein Schlick, bezeichnet als Schlick von Losan zu Stollberg, Burggraf zu Eger (Schlick von Passaun) [3]). Daſs er hier nicht der frye Schlick heiſst, ist ein Beweis dafür, daſs die Schlicks noch im Jahre 1483 dem Conrad Grünenberg nicht als Freiherren bekannt waren.

Wenn die Freiherrnurkunde Kaspar Schlicks gefälscht ist, so ist es auch sehr wahrscheinlich, daſs die seiner Brüder nicht echt ist.

3) Urkunde vom 1. Oktober 1434, Regensburg [4]).

Sigmund erhebt die vier Brüder seines Kanzlers Kaspar Schlick: Matthäus, Heinrich, Nikolaus und Franz (v. Lazan) in den Freiherrnstand und erlaubt ihnen mit rotem Wachs zu siegeln.

Die Urkunde ist eine Fälschung; denn

a) Sie steht nicht in den R. R.,

b) Die Titulaturen des Matthäus Schlick und seiner Brüder sprechen ebenfalls gegen die Echtheit der Urkunde, welche ihre Ernennung zum Freiherrn bezeugt. In der Urkunde vom 30. März 1436 [5]) bezeichnet sich Matthäus als

---

1) Des Conrad Grünenberg Wappenbuch, vollbracht am 9. April 1483. Ed. Dr. R. Graf Stillfried Alcantara und Hildebrandt, Görlitz 1875.

2) Vgl. Aloys Schulte, Die Standesverhältnisse der Minnesänger, Leipzig 1895, S. 38.

3) Wappenbuch, fol. CVIII.

4) Altmann, Reg., Nr. 10900, Lünig, S. 1182.

5) Gradl, Adler, Nr. 207.

Ritter, Burggraf zu Eger und Ellenbogen, am 24. August 1436 nennt ihn der Kaiser den strengen Ritter Matthes [1]), ebenso in der Urkunde vom 10. September 1438 [2]). In der Urkunde vom 1. März 1441 [3]) heifst er: der strenge, veste Matthes Sligk, Ritter, Amtmann zu Voitsberg. In den Rechnungsbüchern der deutschen Nation der Universität Bologna wird Franz Schlick unter dem Jahre 1447 aufgeführt als: magnificus vir d. Franciscus Slick de Lusana Pataviensis et Ratisponensis ecclesiarum canonicus et plebanus in Brück [4]).

Also bei keiner Gelegenheit wird ein Bruder Kaspar Schlicks Freiherr genannt, obgleich auf die Titel Wert gelegt worden ist. Es mufs also die vorstehende Urkunde später, als ihr Datum besagt, ausgestellt worden sein.

c) Ferner ist sehr merkwürdig, dafs sich eine zweite durch Kaiser Friedrich ausgestellte Urkunde findet, in der er die vier Brüder Kaspar Schlicks in den Reichsfreiherrnstand erhebt. Diese zweite Urkunde ist keine Bestätigung der ersten, sie erwähnt sie nicht mit einem Worte [5]).

4) Urkunde vom 13. Juli 1433, Rom [6]).

Sigmund fügt zum Schlickschen Wappen einen halben goldenen Löwen mit ausgestreckten Krallen; dabei werden die Verdienste des Kaspar, Matthes und Wilhelm Schlick aufgezählt.

Gegen die Echtheit der Urkunde sprechen folgende Gründe:

a) Sie steht nicht in den R. R. Sigmunds;

b) Die Unterfertigung lautet: ad. m. d. i. Petrus Kalde prepositus Northuzensis. Peter Kalde wird aber erst am 26. September 1433 [7]) von Sigmund für die Probstei zu

---

1) Gradl, Adler. Nr. 210.
2) Ebend. Nr. 218.
3) Ebend. Nr. 224.
4) Acta Nationis Germanicae etc., p. 193.
5) Lünig, p. 1191.
6) Altmann, Reg., Nr. 9543; Lünig, S. 1178.
7) Ebend. Nr. 9685.

Northausen präsentiert. Vom 29. Oktober 1432 [1]) an erscheint er als Unterfertiger, aber außer in der vorliegenden Urkunde unterfertigt er sich vor dem 20. Dezember 1433 [2]) nie als prepositus Northuzensis [3]).

c) Auch ein anderes Versehen ist dem Verfertiger der Urkunde widerfahren. Sigmund spricht davon, daß er den Kaspar, Matthes und Wilhelm Schlick in Rom zu Rittern geschlagen habe. Daß die beiden ersteren am 31. Mai 1433 nach der Krönung den Ritterschlag empfangen haben, ist unzweifelhaft; Wilhelm Schlick ist aber nicht zum Ritter geschlagen worden, was z. B. durch die Urkunde vom 10. September 1438 bewiesen wird; hier werden als Zeugen angeführt: der edle strenge Ritter Herr Matthes Sligk und Wilhelm Sligk [3]). Besonders wichtig aber ist der Brief des Heinz Imhoff an den Rat von Eger, wo er berichtet, daß unter denen, die vom Kaiser auf der Tiberbrücke zu Rittern geschlagen worden seien, sich zwei Schlicks, Herr Kaspar und Herr Matthes, befunden hätten [4]).

5) Urkunde vom 30. Oktober 1437. Prag [5]).

Sigmund erhebt seinen Kanzler Kaspar Schlick, der durch seine Mutter Konstanze von den Grafen zu Collalto abstammt, ihm mehr als 20 Jahre treu gedient, u. a. ihn nach Aragonien, Frankreich, England, Ungarn, gegen die Türken, nach Böhmen begleitet und Botschaften nach Polen, Preußen und Litthauen ausgeführt hat, auch ihm in Italien bei Erlangung der Kaiserwürde sehr förderlich gewesen ist, zum Grafen von Bassano, nachdem er ihn schon früher (1422 Juli 16) zum Freiherrn gemacht und ihn kürzlich mit der Agnes von Öls-Cosel verheiratet hat und erteilt ihm zugleich für sich und seine Erben als Grafen von Bassano das ius de non evocando.

1) Nicht, wie Lindner (Urkundenwesen, S. 36) angiebt, vom 14. Dezember 1432 an; vgl. Altman Nr. 9293.

2) Altmann, Reg., 9902.

3) Gradl, Adler, Nr. 218.

4) Ebend. Nr. 178.

5) Altmann, Reg., Nr. 12148; Chmel, Reg., Nr. 946.

Urkunde vom 1. November 1437. Prag [1]).

Sigmund erhebt Kaspar Schlick zum Grafen von Bassano.

Vor allem ist überaus merkwürdig, dafs nach zwei Tagen eine zweite Urkunde ausgestellt worden sein soll, welche ebenfalls die Grafenerhebung Kaspar Schlicks bezeugt. Beide Urkunden scheinen — eine Einsicht der Originale war leider nicht möglich — denselben Wortlaut zu haben, was man einerseits aus dem Regest (Altmann, Nr. 12148), andrerseits aus dem Drucke sieht, wie er sich bei Lünig nach dem Original findet. Wie die Entstehung zweier dasselbe aussagenden Urkunden zu erklären ist, mag eine offene Frage bleiben; soviel aber ist gewifs: Wenn Sigmund thatsächlich den Kanzler zum Grafen erhoben hätte, und wenn die diesbezügliche Urkunde auf rechtmäfsige Weise entstanden wäre, so würde das Vorhandensein zweier Urkunden, welche innerhalb zweier Tage ausgestellt sein sollen, nicht möglich sein.

Gegen die Echtheit der Urkunde vom 30. Oktober 1437 spricht

die Stelle, an der sie im R. R. L. steht. Sie ist vom 30. Oktober 1437 datiert und steht auf Blatt 59^{v} und 61^{r} des R. R. L. [2]). Nun finden sich aber auf vorhergehenden Blättern Urkunden mit späterem Datum, nämlich auf Blatt 54, Rückseite, eine Urkunde vom 31. Oktober 1437 [3]), auf der Rückseite von Blatt 56 eine vom 30. November 1437 [4]), auf Blatt 56/57 eine vom 3. Dezember [5]), auf der Vorderseite von Blatt 57 eine Urkunde vom 4. Dezember [6]) und sechs vom 5. Dezember 1437 [7]). Die Erhebungsurkunde

1) Altmann, Reg., Nr. 12153; Lünig, R. A. P. spec. 1, Continuatio 1. Forts. S. 100ff. und Hormayr, Archiv für Geschichte, Statistik, Litteratur und Kunst, Jahrgang 1826, S. 461f.

2) Da auf Seite 60 keine Urkunde steht und da die Urkunde sehr lang ist, so können wir annehmen, dafs die Urkunde auf Seite 59^{v} bis 61^{r} steht.

3) Altmann, Reg., Nr. 12149.

4) Ebend. Nr. 12201.

5) Ebend. Nr. 12204.

6) Ebend. Nr. 12208.

7) Ebend. Nr. 12210—12215.

Kaspar Schlicks vom 30. Oktober müſste vor der Urkunde vom 31. Oktober 1437, also spätestens auch auf der Rückseite von Blatt 54 stehen. Sie steht aber auf Blatt 59 bis 61, hinter ihr steht nur noch eine Urkunde, welche ebenfalls den Kanzler betrifft und sich als Fälschung erweisen wird [1]). Daſs die vorliegende Urkunde hinter Urkunden steht, welche 36 Tage nach ihr ausgestellt worden sind, ist nur dadurch zu erklären, daſs sie später angefertigt und nachträglich in das R. R. eingetragen ist. Es könnte eingeworfen werden, daſs die Reihenfolge der Urkunden in dem R. R. durchaus nicht der chronologischen Reihenfolge entspricht, daſs sehr häufig das Regest später datierter Urkunden vor demjenigen früherer steht, und umgekehrt. Demgegenüber ist aber zu bemerken, daſs man eine Urkunde, welche die Erhebung des obersten Kanzlers in den Reichsgrafenstand bezeugt, ganz sicher schneller als alle anderen registriert hätte, — wenn sie vor diesen ausgestellt worden wäre.

Gegen die Echtheit der Urkunde vom 1. November 1437 spricht, daſs sie nicht in dem R. R. steht.

Daſs die Erhebung Kaspar Schlicks in den Grafenstand nicht am 30. Oktober oder am 1. November erfolgt ist, zeigen die später ausgestellten Urkunden, Briefadressen u. s. w., welche schon S. 51 ff. angeführt wurden. Daſs in ihnen Kaspar Schlick nie Graf von Passaun genannt wird, hat um so gröſseres Gewicht, wenn wir sehen, daſs in Urkunden, die nach dem Tode des Kanzlers ausgestellt worden sind, die Schlicks regelmäſsig Grafen von Passaun genannt werden. So in der Urkunde, welche Kaiser Maximilian am 27. August 1498 dem „Caspar Schlick, Graf zu Passaun“ als eine Konfirmation des Grafendiploms vom Jahre 1437 ausstellte [2]), ferner in dem Vergleiche, welcher am 21. Dezember 1520 durch Vermittelung der Herzöge Georg und Heinrich zu Sachsen zwischen „den Herren Schlicks allen

1) Altmann, Reg., Nr. 11903.
2) Lünig, S. 1196, Nr. XXV.

Grafen zu Passaun" wegen eines Bergwerkstreites aufgerichtet wurde [1]). Ebenso werden die beiden Schlicks, Joachim und Moritz, Grafen zu Passaun genannt in der Urkunde vom 5. April 1566 [2]), welche ihnen Kaiser Maximilian II. zur Bestätigung des Grafenbriefes aus dem Jahre 1437 ausstellte. Am 19. Oktober 1626 stellte Kaiser Ferdinand II. dem Obristen Heinrich Schlick, Grafen zu Passaun und Herrn zu Weiſskirchen, eine Bestätigungurkunde [3]) des Münzprivilegiums vom Jahre 1437 aus; bei jeder Gelegenheit, wo Heinrich Schlick oder ein anderer Schlick erwähnt wird, nennt sie der Kaiser immer Graf zu Passaun. Ebenso in einer Bestätigungsurkunde Kaiser Ferdinands III. vom 24. September 1641 [4]).

Auch der Inhalt der Erhebungsurkunden in den Grafenstand erregt Bedenken: Der Vergleich zwischen der göttlichen und der kaiserlichen Gewalt, die Ausfühung, wie im alten Rom der Adel nur durch persönliche Tüchtigkeit erworben werden konnte, ohne daſs das Herkommen des Betreffenden von Einfluſs gewesen wäre, waren gewiſs nicht ein regelmäſsiger Bestandteil der Urkunden, welche Adelserhöhungen bezeugten. Danach geht die Urkunde ausführlich auf die Abstammung Kaspars von den Grafen von Collalto durch seine Mutter ein, welche die Tochter des Grafen Roland, Markgrafen zu Treviso, und der edlen Beatrice, Gräfin von Camyn, sei. Liegt schon darin ein schweres Verdachtsmoment gegen die Echtheit der Urkunde, so wird es noch durch folgenden Widerspruch verstärkt.

Sigmund sagt von seinem Kanzler: Er hat ein groſses und mächtiges Geschlecht in Welschen Landen zu Freunden, welche mit ihm, als wir in den Landen zugegen waren, vor uns waren und uns von solcher Geburt genügliche Unterweisung thäten. Das heiſst also: Kaspar Schlick

1) Lünig, S. 1197, Nr. XXVI.
2) Ebend. S. 1198, Nr. XXVIII.
3) Ebend. S. 1199, Nr. XXIX.
4) Ebend. S. 1200, Nr. XXX.

hat dem Kaiser, als er mit ihm in Italien war, seine Verwandten vorgestellt. Das kann nur während seiner Romfahrt 1432/33 gewesen sein, denn zu keiner anderen Zeit war der Kanzler im Gefolge Sigmunds in Italien. Dem steht aber die Urkunde vom 25. Juli 1437 gegenüber [1]), in welcher der Kaiser sagt, er habe den Kaspar Schlick zum Freiherrn erhoben, nachdem er in Italien dessen vornehme Verwandten kennen gelernt habe. Dafs aber auch diese Angabe nicht der Wahrheit entspricht, zeigt das Itinerar [2]) Sigmunds. Der König war vor 1422 nur in den Jahren 1413/14 in Tirol, in Oberitalien und in den benachbarten Gegenden. Damals aber kannte er Kaspar Schlick noch nicht.

Ferner spricht gegen die Echtheit der Erhebungsurkunde in den Grafenstand, dafs sie auf die Erhebung Kaspars in den Freiherrnstand Bezug nimmt.

6) Urkunde vom 25. Juli 1437. Eger [3]).

Sigmund erklärt noch ausdrücklich, dafs die Heirat der Agnes, Herzogin von Öls-Cosel, mit seinem Kanzler Kaspar Schlick, dessen Mutter Konstantia übrigens eine Markgräfin von Treviso und Collalto gewesen sei, weshalb er ihn auch, nachdem er in Italien dessen vornehme Verwandten kennen gelernt, zu einem Freiherrn und Bannerherrn erhoben habe, ihren Fürstenstand nicht beeinträchtigen solle, obwohl in den kaiserlichen Rechten deutlich geschrieben sei, „wo eine fürstin einen ritter nimd und nicht aus dem grad des adels greiffet, das sie dadurch an ihren wirden nicht genedert wird, sunder der gebrauchen soll an allen enden“.

Die Urkunde ist eine Fälschung; denn

a) Wie bei der Erhebungsurkunde in den Grafenstand vom 30. Oktober 1437 ist auch hier die Stelle, an der die Urkunde in das R. R. eingetragen ist, verdächtig. Sie steht auf Blatt 61, Vorderseite, und ist die letzte der im R. R. L.

1) Altmann, Reg., Nr. 11903.

2) Ebend. Nr. 424 ff.

3) Ebend. Nr. 11903.

verzeichneten Urkunden. Dem Datum nach gehört sie aber auf die Vorderseite von Blatt 38, wo drei Urkunden vom 24. Juli 1437 [1]) und drei vom 27. Juli 1437 stehen [2]).

b) Was den Inhalt der Urkunde betrifft, so ist ein Grund für die Ausstellung nicht ersichtlich. Wenn in den kaiserlichen Rechten deutlich geschrieben steht: Eine Fürstin, welche ihren Gemahl nicht aus dem Adel nimmt, solle ihre Würden nach wie vor gebrauchen, so sieht man keinen Grund ein, warum der Kaiser der Gemahlin seines Kanzlers besonders bezeugt, daſs sie durch ihre Heirat mit Kaspar in ihrem Fürstenstande nicht beeinträchtigt werden soll.

c) Ferner spricht wieder die ausführliche Erwähnung der Abstammung der Mutter Kaspar Schlicks gegen die Echtheit der Urkunde.

Daſs die Angabe, der Kaiser habe in Italien die vornehmen Verwandten seines Kanzlers kennen gelernt, nicht den Thatsachen entsprechen kann, haben wir schon oben S. 68 ff. gezeigt.

Es ist für die Untersuchung der Grafenurkunde vom 30. Oktober 1437 von Wichtigkeit, daſs die vorliegende sich als Fälschung erweist; denn sie ist die einzige, welche in dem R. R. L. hinter jener steht. Sie sind beide später hergestellt und nachträglich an der letzten Stelle des R. R. eingetragen.

Urkunden betreffend Schenkungen, Verleihungen von Lehen etc.

7) Urkunde vom 13. Juli 1426. Blindenberg [3]).

Sigmund nimmt Heinrich und Nikolaus den Älteren, Gebrüder Schlick von Lazan, in den Reichsschutz und befreit sie von allen fremden Gerichten, Zöllen u. s. w.

Die Urkunde ist eine Fälschung, denn

a) Sie steht nicht in den R. R.

b) Wie oben S. 13 f. gezeigt, ist Heinrich Schlick Kaspars

1) Altmann, Nr. 11895, 11901, 11902.

2) Ebend. Nr. 11916, 11917, 11918.

3) Ebend. Nr. 6687.

Vater, schon vor dem November 1425 gestorben. Daſs hier nur Kaspars Vater gemeint sein kann, geht daraus hervor, daſs er der Bruder des älteren Nikolaus Schlick ist.

8) Urkunde vom 21. Juli 1430. Nürnberg[1]).

Sigmund belehnt seinen Vizekanzler Kaspar Schlick mit folgenden Lehen, welche einst im Besitze des Hans Ulrich von Haws zu Isenheim gewesen: Schloſs Blicksberg nebst Zubehör, die Dörfer Günsbach und Griesbach, den Hof zu Ammerschweier, 20 Juchart Reben daselbst, vier Ohmen weiſsen Wein, sechs Hühner, eine Gans, welche zu demselben Hofe gehören, ein altes Haus zu Bergheim, eine Mark Silber zu Morsweier.

Die Urkunde ist besonders interessant, weil sie zeigt, wie ungeschickt mitunter gefälscht wurde.

a) Die Datierung stimmt nicht. Sigmund hielt sich vom 28. Juni bis zum 31. Juli 1430 in Wien auf[2]), kann also nicht am 21. Juli eine Urkunde in Nürnberg ausgestellt haben, wohin er erst am 13. September 1430 kam.

b) Die Unterfertigung lautet: ad mandatum domini regis Petrus Kalde. Dieser erscheint, wie schon erwähnt, erst seit dem 29. Oktober 1432 als Unterfertiger.

c) Die Urkunde steht nicht in den R. R.

Vor allem spricht gegen die Echtheit der vorliegenden Urkunde, daſs eine vom 20. Juli 1431 datierte dem Kaspar Schlick genau dieselben Lehen zuspricht; diese letztere ist keine Fälschung.

9) Urkunde vom 21. August 1431. Nürnberg[3]).

Sigmund verleiht seinem Vizekanzler Kaspar Schlick die Burg und Stadt Bassano.

Die Urkunde ist eine Fälschung, denn sie steht nicht in

1) Altmann, Reg., Nr. 7730; vgl. Rappoltsteiner Urkundenbuch III, 315f. und 345.

2) Altmann, Reg., Nr. 7707a, 7749.

3) Ebend. Nr. 8799; Chmel, Reg., Nr. 947.

den R. R. Aufserdem spricht gegen ihre Echtheit, dafs die anderen auf Bassano bezüglichen Urkunden Kaspar Schlicks sich ebenfalls als Fälschung erweisen.

10) Bestätigungsurkunde vom 31. Mai 1433. Róm [1]).

Sigmund bestätigt seinem Kanzler Kaspar Schlick alle Privilegien, Schenkungen u. s. w., auch die ihm verliehene Herrschaft Bassano unter Hervorhebung der Verdienste, die jener sich besonders durch seine Unterhandlungen mit Papst Eugen IV. erworben hat.

Gegen die Echtheit der Urkunde spricht wiederum, dafs sie im R. R. K. an falscher Stelle, und zwar viel zu weit hinten, steht. Die vom 31. Mai 1433 datierten Urkunden stehen im R. R. K. und sind alle auf den ersten Blättern eingetragen; die am weitesten hinten stehende Urkunde vom 31. Mai 1433 steht auf Blatt 59 [2]). Nun findet sich auf der Rückseite von Blatt 232 hinter Urkunden aus dem Dezember 1435 eine vom 31. Mai 1433, nämlich diejenige, durch welche Sigmund dem Kaspar Schlick alle seine Privilegien, darunter auch die Herrschaft Bassano bestätigt. Dafs die Urkunde zwar richtig ausgefertigt, aber aus Nachlässigkeit erst so bedeutend später unter die Hände des Registrators gekommen und infolge dessen so weit hinten eingetragen sei, ist ausgeschlossen; denn dazu steht sie viel zu weit hinten, und aufserdem handelt es sich um eine wichtige Urkunde des ersten Kanzlers. Hier giebt es wiederum keine andere Erklärung, als dafs die Urkunde später angefertigt und auf einem der letzten Blätter des R. R. nachgetragen worden ist.

11) Urkunde vom 1. Mai 1434. Basel [3]).

Sigmund verspricht auch für seine Nachfolger dem Kaspar Schlick und dessen Erben, dafs nur mit Einwilligung der

1) Altmann, Reg., Nr. 9467; Chmel, Reg. Nr. 947.

2) Altmann, Reg. Nr. 9434.

3) Ebend. N. 10341.

Familie Schlick die ihnen verliehene Herrschaft und das Schloſs Bassano an die Venetianer wieder abgetreten werden darf.

Auch diese Urkunde ist eine Fälschung.

Wiederum spricht die Stelle, an der sie in das R. R. eingetragen ist, gegen ihre Echtheit. Sie müſste ihrem Datum nach ungefähr auf Blatt 120 bis 130 stehen. Es ist schon eine Verspätung, daſs eine Urkunde aus dem Mai 1434 auf der Rückseite von Blatt 181 steht. Daſs die vorliegende auf Blatt 233, d. h. auf der vorletzten beschriebenen Seite steht, ist nur dadurch zu erklären, daſs sie nachträglich angefertigt und registriert worden ist.

Ein kurzer Blick auf die Geschichte von Bassano mag es bestätigen, daſs Sigmund nicht dem Kaspar Schlick Bassano gegeben haben kann [1]). Bis zum Jahre 1404 hatte Bassano unter der Herrschaft der Visconti gestanden; aber bedrängt durch die Feindseligkeit des Franz von Carrara gab die Herzogin Katharina Visconti die Oberherrschaft über Bassano auf, indem sie die Bassanesen von ihrem Treueide entband. Diese ebenso wie die Bewohner von Feltre, Cividale und anderen Städten verbanden sich gegen Franz von Carrara und schlossen sich der Venetianischen Herrschaft an. Sie gingen am 10. Juni 1404 mit den Venetianern einen Vertrag ein, in dem sie versprachen, „treue und beständige Diener und Unterthanen zu sein und den Eid der Treue zu schwören, wie es treuen Unterthanen gebühre“, wogegen ihnen die Venetianer Erhaltung und Verteidigung ihres Gebietes zusicherten. Also ging Bassano im Jahre 1404 unmittelbar aus dem Besitze der Viscontis in den der Venetianer über.

Der Krieg Sigmunds mit Venedig und die Ansprüche des Kaisers auf Bassano als erledigtes Reichslehen mögen für Kaspar Schlick Gelegenheit genug geboten haben, seine Hand nach Bassano auszustrecken.

---

1) Vgl. Ottone Brentari: Storia di Bassano e del suo territorio, Bassano 1884, S. 301 ff.

12) Urkunde vom 4. November 1435. Pressburg [1]).

Sigmund schenkt dem Kaspar und Matthäus Schlick erbeigentümlich das Gut Falkenau im Ellenbogner Kreise.

Die Urkunde ist wahrscheinlich eine Fälschung, denn:

a) Sie ist nicht in die R. R. eingetragen.

b) Während in der Datierung das Jahr 1435 angegeben ist, führt die Zählung der Regierungsjahre auf das Jahr 1437.

13) Urkunde vom 30. August 1437. Prag [2]).

Sigmund erlaubt seinem Kanzler Kaspar Schlick, Grafen von (Passaun) Bassano, der ihm mehr als 20 Jahre treue Dienste geleistet hat, und dessen Erben, von dem Ertrage ihrer Bergwerke goldene und silberne Münzen zu schlagen, welche im ganzen Reiche Geltung haben sollen.

Wir haben hier die merkwürdigste aller für die Schlicks ausgestellten Urkunden vor uns. Darum ist sie bereits Gegenstand mehrerer Besprechungen [3]) geworden, die alle darin übereinstimmen, dafs sie nicht echt sein kann. Sogar Wacek [4]), der weder in das Freiherrn- noch in das Grafendiplom Kaspar Schlicks irgend welche Zweifel setzt, betont das Ungewöhnliche dieser Verleihung und weist darauf hin, dafs die Münzprivilegien, welche auch andere böhmische Grofse erhielten, wie z. B. die Nostiz, Lobkowitz, Fürstenberg u. s. w., aus späterer Zeit stammen und nicht über die Zeit Ferdinands II. zurückgehen.

So ist es denn auch ganz natürlich, dafs die Merkmale, an denen wir die Echtheit der meisten Urkunden geprüft haben, die vorliegende als Fälschung erkennen lassen. Die Urkunde steht nicht in den R. R., und die Zählung der

1) Altmann, Reg., Nr. 11218a.

2) Altmann, Reg., Nr. 12063; Lünig, S. 1186.

3) Graf Kaspar Sternberg, Umrisse einer Geschichte der böhmischen Bergwerke, Prag 1836, I. Band, I. Abt., S. 313ff. Ferner: Dr. G. C. Laube, Aus der Vergangenheit Joachimsthals, Prag 1873, S. 5. Ferner: Eduard Fiala, Das Münzwesen der Grafen Schlick in der Numismatischen Zeitschrift, Wien 1890, XXII. Band, S. 167.

4) Archiv für Geschichte u. s. w., XVII. Band, Jahrgang 1826, S. 425, Spalte 2.

Regierungsjahre als römischer König stimmt nicht; der 30. August 1437 fällt in das 27., nicht in das 28. Jahr der römischen Königsherrschaft Sigmunds. Ferner wird Kaspar Schlick als Graf zu Passaun bezeichnet, während er doch erst durch die Urkunden vom 30. Oktober und 1. November 1437 zum Grafen von Passaun erhoben wird. In den späteren Bestätigungsurkunden des 15. und 16. Jahrhunderts finden wir keine Andeutung des Münzprivilegs; so vermissen wir dieselbe besonders in der Urkunde, durch welche Königin Elisabeth im Jahre 1440 dem Kaspar Schlick die Burgpflege zu Eger, das Land zum Ellenbogen, Engelsburg, Schönegk, Lichtenstädt, ferner mehrere Briefe über etliche andere Güter, Rechte und Freiheiten bestätigt. Erst in der Urkunde vom Jahre 1641, durch welche Kaiser Ferdinand III. den Grafen Schlick alle Privilegien und Freiheiten bestätigt, wird das Münzprivilegium mit aufgeführt [1]).

Die Bergwerke, von deren Ertrage die Schlicks goldene und silberne Münzen schlagen sollen, sind die von St. Michaelsberg und St. Joachimsthal, die Kaspar Schlick „vor wenigen Jahren mit nicht geringen Kosten hat suchen und erbauen lassen“. Aber beide Bergwerke sind 1437 gar nicht im Besitze der Grafen Schlick gewesen. St. Michaelsberg ist erst im Jahre 1517 durch Kauf von dem Grafen Stephan Schlick erworben worden [2]), Joachimsthal hat 1437 noch garnicht bestanden. Wenn auch die Quellen über die Geschichte der ersten Jahre des Bergwerkes und der Stadt Joachimsthal spärlich fliefsen, so sind wir doch über ihre Entstehungszeit genau unterrichtet. Matthesius, der seit 1532 als Prediger der neuen Gemeinde Joachimsthal lange Zeit wirkte, giebt 1516 als Gründungsjahr an; er erzählt, dafs man im Quartal Crucis die erste Ausbeute gewonnen habe, und dafs zu dieser Zeit Bergwerk und Stadt Joachimsthal diesen Namen erhalten hätten [3]). In der Nähe seien St. Anna-

1) Lünig, Nr. XXX.

2) Graf Kaspar Sternberg, S. 259.

3) Sarepta oder Bergpostill des Johannes Matthesius, nebst einer kurzen Chronik von Joachimsthal, Nürnberg 1562, S. 134.

berg und St. Josephsdorf gegründet worden, und damit die Freundschaft der heiligen St. Anna und des heiligen Josephs nicht fern sei, habe man diese Stadt Joachimsthal genannt. Es kann also kein Zweifel bestehen, daſs die vorliegende Urkunde vom 30. August 1437 bedeutend später hergestellt worden ist.

14 und 15.

Wie verhält es sich mit den beiden wichtigen Urkunden, durch die dem Kaspar Schlick die Herrschaften Toggenburg, Belfort, Davos, Prätigau bezw. die Rechte auf das Land Wenden übertragen werden? Sollen wir annehmen, daſs der Kanzler selbständig in den Streit eingegriffen und sich die Urkunden hergestellt habe, ohne vom Kaiser dazu ermächtigt zu sein, oder hat er diesen dahin zu beeinflussen verstanden, daſs er ihm trotz besser begründeter Ansprüche Toggenburg und das Land Wenden übertrug?

Die Toggenburg betreffende Urkunde [1]) vom 24. August 1437 steht nicht in den R. R., was bei einer so überaus wichtigen Urkunde besonders bedenklich ist. Auch ist, wie bereits erwähnt, sehr merkwürdig, daſs Sigmund am 24. August dem Kaspar Schlick das Toggenburgische Erbe zugesprochen haben soll, während erst am 29. September die endgültige Entscheidung über die Ansprüche des Grafen Wilhelm von Montfort gefällt werden sollte [2]). Andrerseits hat aber Sigmund thatsächlich auf das Toggenburgische Erbe Anspruch erhoben und darüber als erledigtes Reichslehen verfügen wollen. Wenn man erwägt, welchen gewaltigen Einfluſs Kaspar Schlick auf den Kaiser gehabt hat, der ja nur wenige Wochen vor seinem Tode stand, so erscheint es durchaus nicht als unwahrscheinlich, daſs dieser ihn mit den Toggenburgischen Besitzungen belehnt habe. Dazu kommt, daſs in der Urkunde [3]) König Albrechts vom 29. Juni 1439 auf die Belehnungsurkunde Bezug genommen wird; denn auf sie allein stützt Kaspar Schlick die Rechte auf Toggenburg, die er

1) Altmann, Reg., Nr. 12059.

2) Ebend., Nr. 12039.

3) Du Mont, Corps Universel, III, 1, p. 65.

an den Grafen Wilhelm von Montfort abtritt, und Albrecht erklärt ausdrücklich, daſs er den Brief Sigmunds gesehen habe. Wenn wir diesen Brief für eine Fälschung des Kanzlers halten, so müssen wir annehmen, daſs er ihn bald darauf hergestellt und in jenen Streitigkeiten benutzt habe. Indessen ist es doch wahrscheinlicher, daſs die vorliegende Urkunde mit Wissen und Willen Sigmunds hergestellt ist.

Noch sicherer gelangen wir zu demselben Ergebnisse bei einer Betrachtung der Urkunde, durch welche dem Kaspar Schlick die Rechte auf das Land Wenden übertragen werden [1]).

Die Unterfertigung, der Registraturvermerk und die Zählung der Regierungsjahre sind in bester Ordnung, die Urkunde steht im R. R. an der Stelle, wohin sie ihrem Datum nach gehört. Ferner giebt die Zeugenliste zu keinerlei Bedenken Anlaſs. Es werden als Zeugen aufgeführt: Ulrich, Graf von Cilly-Ortenburg, Brunoro von der Leiter, Meinhard von Neuhaus, Niclas Hase von Cost, die Ritter Georg Golrnitzer und Bernhard Sachs. Daſs Graf Ulrich von Cilly-Ortenburg, der Neffe Sigmunds, während des langen Aufenthaltes des Kaisers in Prag am Hofe geweilt habe, geht daraus hervor, daſs er in einer anderen, gleichfalls während dieses Aufenthaltes ausgestellten Urkunde als Zeuge erscheint; diese letztere ist unzweifelhaft echt [2]). Noch häufiger tritt der zweite, Brunoro della Scala, in Sigmunds Urkunden als Zeuge auf [3]). Meinhart von Neuhaus war Burggraf zu Prag, weilte also ohne Zweifel dort zu jener Zeit. Niclas Hase von Cost erscheint in einer am 11. Februar 1437 in Prag ausgestellten Urkunde [4]) als Zeuge, ist also wahrscheinlich auch im November in Prag gewesen. Die beiden anderen sind nicht weiter nachzuweisen, sie sind auch weniger bedeutend.

Alle die erwähnten Gründe sprechen dafür, daſs die vor-

---

1) Altmann, Reg., Nr. 12168.

2) Ebend., Nr. 11446, Urkunde vom 1. Oktober 1436.

3) Ebend., Nr. 11446, 10276, 9129, 9126 u. a. m.

4) Ebend., Nr. 11667.

liegende Urkunde echt ist. Wie wir bereits sahen [1]), erhob Sigmund auf die Werle-Wendeschen Lande Anspruch; lag es da nicht für ihn sehr nahe, sie seinem verdienten Kanzler zu übertragen? Etwa sich dagegen erhebende Bedenken wird dieser bei dem altersschwachen Kaiser gewiſs ohne Schwierigkeiten zerstreut haben.

16) Urkunde vom 1. Dezember 1437 [2]). Znaim.

Sigmund teilt dem Freisinger Bischof und Domkapitel mit, daſs er von dem Rechte der ersten Bitten bei der Freisinger Kirche zu Gunsten des Heinrich Schlick, Probstes zu Bunzlau, Gebrauch mache.

Diese Urkunde ist besonders wegen des späteren Streites um das Freisinger Bistum wichtig. Verschiedene Umstände machen die Annahme wahrscheinlich, daſs sie eine Fälschung ist.

1) Sie steht nicht in den R. R.

2) Die Erhebung der preces primariae für ein Bistum war durchaus ungebräuchlich. Es handelte sich meist nur um Pfründe oder um die Aufnahme einer von den Kaisern bezeichneten Persönlichkeit als Kanoniker, Mönch oder Nonne. Auſserdem geschah das meist bei der Krönung oder später auch bei anderen festlichen Gelegenheiten [3]).

Diese ist die letzte der Schlickschen Urkunden, welche aus Sigmunds Zeit datiert sind. Da eine Einsicht der Originale nicht möglich war, so konnte in mehreren Fällen die Frage nach der Echtheit derselben nicht mit Sicherheit beantwortet werden; Vermutungen muſsten an die Stelle der sicheren Behauptung treten.

b) Urkunden aus der Zeit Albrechts und Friedrichs.

Noch unsicherer ist der Boden für die Untersuchung der Urkunden aus der Zeit König Albrechts, da wir infolge des

1) Altmann, Reg., Nr. 11676.

2) Ebend., Nr. 12203.

3) Vgl. Hinschius, Kirchenrecht II, S. 639 ff.

Fehlens der Regesten nicht wissen, ob sie in das R. R. eingetragen sind, ob die Datierung stimmt u. s. w.

17) Besonders unsicher ist das Ergebnis der Untersuchung der Urkunde vom 10. Dezember 1437 [1]), durch welche Albrecht, Herzog zu Österreich, und Christoph, Pfalzgraf bei Rhein, dem Edlen Kaspar Schlick, Ritter, Sr. Kaiserl. Gnaden Kanzler, Burggraf zu Eger und zum Ellenbogen, bezeugen, daſs er am Tage nach Sigmunds Tode folgende Siegel vernichtet habe.

1) Das Majestätssiegel und das kleine Insiegel, das Sigmund als römischer König gebraucht hat;

2) zwei Stempel für goldene Bullen, die zum Königreiche gehören;

3) zwei Stempel des ungarischen Königreiches;

4) zwei Majestätssiegel und das kleine Siegel, die der Kaiser nach der Krönung zum Römischen Könige benutzt hat;

5) das silberne Zeichen, das man in Privilegien drückt.

Soweit der Druck bei Lünig eine Entscheidung über die Echtheit der Urkunde ermöglicht, scheint dieselbe echt zu sein.

18) Mit gröſserer Sicherheit können wir die Urkunde [2]) Albrechts vom 26. April 1437 für eine spätere Fälschung erklären. Der König bestätigt durch sie dem Edlen Kaspar Schlick, Herrn zu Weiſskirchen u. s. w., alle vom Kaiser Sigmund erteilten Privilegien und Freiheiten, und zwar:

1) einen lateinisch geschriebenen Majestätsbrief, durch den er ihn zu einem Freiherrn macht;

2) einen Brief vom 21. August 1431, in dem er ihm die Herrschaft zu Passaun giebt;

3) einen Kaiserl. Majestätsbrief vom 31. Mai 1433, worin er ihm Passaun und andere Königl. Briefe bestätigt;

4) zwei Kaiserl. Majestätsbriefe, lateinisch und deutsch aus dem Oktober 1437.

---

1) Lünig, S. 1187, Nr. XIII.

2) Ebend., S. 1188, Nr. XIV.

Alle diese Urkunden haben sich als Fälschung erwiesen. Selbst wenn sie zu dieser Zeit Kaspar Schlick schon hergestellt haben sollte, so ist nicht anzunehmen, dafs er schon gewagt hätte, sie als echte Verleihungen dem Könige Albrecht vorzulegen. Wir müssen deshalb auch diese Urkunde für eine Fälschung ansehen.

19) Urkunde vom 1. Januar 1440. Ofen[1]).

Elisabeth, Königin von Ungarn, Dalmacien, Kroatien u. s. w., Erbe und Frau der Krone und des Königreiches zu Böhmen und Herzogin zu Osterreich, bestätigt dem Edlen Herrn Caspar Sligk, Ritter, ihrem Pat und besonders lieben Getreuen, etliche Majestätssiegel, und zwar: über die Burgpflege zu Eger, über das Land zum Ellenbogen, über Engelsburg, etliche Briefe über Schönegk, etliche Briefe über das Gut zu Lichtenstädt.

Die Auswahl der bestätigten Urkunden ist ein Beweis für die Echtheit der vorliegenden, da sich unter jenen nicht eine von denjenigen befindet, welche wir als Fälschung nachgewiesen oder verdächtigt haben.

Desgleichen halten wir die Urkunde, durch welche Elisabeth dem Kaspar Schlick das Gut Lichtenstädt bestätigt, für echt[2]).

20) Urkunde vom 8. August 1442. Frankfurt[3]).

Friedrich bestätigt dem Kaspar Schlick seine Freiherrnerhebung vom 16. Juli 1422 und seine Erhebung in den Grafenstand vom 30. Oktober 1437.

Ferner

21) Urkunde vom 8. August 1442[4]).

Friedrich bestätigt dem Kaspar Schlick einen Brief Sigmunds vom 21. August 1431 und vom 31. Mai 1433[5]), betreffend die Verleihung von Burg und Stadt Bassano.

---

1) Lünig, S. 1190.

2) Ebend. S. 1190.

3) J. Chmel, Regesta, Nr. 946.

4) Ebend. Nr. 947.

5) Dafs in den Regesten 1434 steht, kann wohl als Druckfehler unbeachtet bleiben.

Soweit das Regest bei Chmel eine Entscheidung der Frage nach der Echtheit der Urkunden möglich macht, läſst sich kein Zweifel in ihre Echtheit setzen. Beide Urkunden stehen im R. R. O. an der richtigen Stelle.

Die Bestätigungsurkunden der späteren Kaiser halten wir für echt, da wir annehmen, daſs die Urkunden zu Lebzeiten Kaspar Schlicks ausgestellt sind. Desgleichen halten wir die Willebriefe der Kurfürsten vom Jahre 1443, 1444 und 1460 für echt.

3. Mutmaſsliche Zeit der Fälschungen.

Wenn wir versuchen, den Zeitpunkt näher zu bestimmen, wann die Fälschungen hergestellt sein können, so vermissen wir die Originale noch schwerer als bei der Entscheidung über die Echtheit der Urkunden.

Es würde die Aufgabe der Untersuchung der Originale sein, die Hand des Textes und der einzelnen Kanzleivermerke mit den Schriftzügen echter Urkunden zu identifizieren. Daraus würde sich ergeben, ob Kaspar Schlick selbst die Urkunden herstellte oder ob er sich irgend welcher Kanzleibeamter dabei bediente, welche ebenfalls festzustellen wären. Aus der Zeit, wo ein solcher Gehilfe in der Kanzlei thätig war, würde sich die Zeit der Fälschung bestimmen lassen. Erst so würde sich die Darstellung einer der gröſsten, vielleicht überhaupt der bedeutendsten Urkundenfälschung des 15. Jahrhunderts zu einem vollständigen Bilde gestalten. Leider muſsten wir auf die Untersuchung der Originale verzichten, und so muſs die Arbeit nach dieser wichtigen Seite hin unvollständig bleiben.

Nur einige Vermutungen lassen sich aussprechen. Die Beantwortung der Frage, wann die Fälschungen hergestellt sein könnten, hängt einerseits davon ab, ob wir die Urkunde vom 10. Dezember 1437, durch welche dem Kaspar Schlick die Vernichtung der Siegel bezeugt wird, für echt halten, andrerseits davon, ob die Siegel in Ordnung sind oder nicht. Daraus ergeben sich vier Möglichkeiten, von denen zwei — die Siegel sind in Unordnung, mag die Urkunde echt oder unecht sein — mit Sicherheit für eine spätere Herstellung sprechen. Nur die eine Möglichkeit, daſs die Urkunde echt und die Siegel in Ordnung sind, zwingt zu der Annahme, daſs die Fälschungen vor dem 10. Dezember 1437 hergestellt sind. Sollte dieser letzte Fall vorliegen, so würde anzunehmen sein, daſs Kaspar Schlick in den letzten Tagen Kaiser Sigmunds — die Stellung der Grafenurkunde vom 30. Oktober im R. R. K. weist auf die letzten Tage hin — die Fälschungen vorgenommen habe, daſs er aber erst später damit hervorgetreten sei. Indessen alle Umstände machen es wahrscheinlich, daſs die Fälschungen erst später vorgenommen worden sind. Die Bestätigungsurkunde König Albrechts hielten wir mit groſser Wahrscheinlichkeit für eine Fälschung, sie hat also für die Frage nach der Zeit der Fälschungen keine Bedeutung. Dagegen ist zu beachten, daſs die Bestätigungsurkunde der Königin Elisabeth vom 1. Januar 1440, welche wahrscheinlich echt ist, keine der gefälschten Urkunden enthält; dieser Umstand spricht dafür, daſs diese im Jahre 1440 noch nicht vorhanden oder bekannt waren.

Wie verhält es sich aber mit der Bestätigung Friedrichs zu der Freiherrnerhebung, der Grafenerhebung und der Verleihung von Burg und Stadt Bassano? Aus unserer Annahme, daſs die Urkunden echt sind, folgt, daſs die Fälschungen vorher angefertigt sein müssen. Nachdem Kaspar Schlick auch die Gunst König Friedrichs sich zu erwerben gewuſst hatte — er wurde bald darauf von Friedrich zum Kanzler erhoben —, trat er an diesen mit der Bitte heran, ihm seine Privilegien zu bestätigen, was dieser denn auch that. Ebenso lieſs er sich von den Kurfürsten von Cöln und Trier in den Jahren 1443 bezw. 1444 sein Grafendiplom bestätigen. Trotzdem hat er es noch nicht gewagt, mit den Urkunden an die Öffentlichkeit zu treten, vielleicht weil er das Miſstrauen fürchtete, mit dem man diesen ungewöhnlichen Auszeichnungen begegnen könnte. Deshalb finden wir auch nach 1442 niemals bei seinem Namen die Bezeichnung Graf.

Indessen können wir nicht annehmen, daſs alle Urkunden zu gleicher Zeit hergestellt sind. Natürlich kann das Münzprivilegium erst bedeutend später angefertigt worden sein. Die Frage, wann das geschehen ist, läſst sich nur durch eine Betrachtung der ersten Geschichte von Bergwerk und Stadt Joachimsthal, besonders ihres Verhältnisses zu den Grafen Schlick, beantworten. Über die Gründung haben wir neben den kurzen Mitteilungen des Matthesius eine Darstellung in der Misl'schen Chronik [1]) und einen Bericht des zweiten Berghauptmannes von Joachimsthal, Heinrich v. Könritz [2]). Sie nennen als Begründer des Bergwerkes neben dem Grafen Stephan Schlick den Grafen Alexander von Leisnick, Herrn Wolf von Schönberg und Hans Tumshirn. Schon im ersten Jahre nahm das Bergwerk einen gewaltigen Aufschwung, so daſs der Wert der Ausbeute in den Jahren 1516 — 1518 von 516 Thalern über 11 997 auf 61 530 Thaler stieg. Damit entstand aber für die Grafen Schlick die Sorge, diese Silbermengen auf eine möglichst vorteilhafte Art zu verwerten. Anfangs hatten die Nürnberger Patrizier Hans Nützel und Jacob Welser das Silber gekauft, und zwar bezahlten sie für eine Mark Silber 8 Gulden 15 Kreuzer. wovon 8 Gulden die Gewerke, 15 Kreuzer die Herren Schlick erhielten. Das war für diese gewiſs kein reichlicher Gewinn, Auſserdem leisteteten die Nürnberger Firmen die Zahlung nur in rheinischen Gulden, während die kleinen Münzsorten welche zum Ankauf der alltäglichen Lebensmittel gerade nötig waren, fehlten, worüber unter den Bergleuten bald Unzufriedenheit entstand.

So lagen Gründe genug vor, den Grafen Schlick den Wunsch nahe zu legen, selbst in Joachimsthal eine Münze zu errichten. Die ersten Proben, welche der Münzmeister Stephan Gemisch aus Nürnberg vornahm, fielen befriedigend aus. Zur gesetzmäſsigen Handhabung des Münzgeschäftes bedurften sie aber der Zustimmung der Stände und des Königs

1) Misl'sche Chronik in dem Abschnitte: „Vom Ursprung und der Herkunft der Königl. Bergstadt St. Joachimsthal“; vgl. Fiala, S. 171.

2) Heinrich v. Könritz, Manuskript vom Anfange Joachimsthals. Fiala, S. 173.

Ludwig. Erstere gaben, allerdings nicht ohne Schwierigkeiten zu machen, durch den Landtagsbeschlufs vom Jahre 1520 ihre Einwilligung dazu, dafs Herr Stephan Schlick mit seinen Brüdern zu Joachimsthal Münzen prägen dürfe. Diese prägten deshalb seit 1520 die Thalergroschen, welche Joachimsthaler Groschen, später Thalergroschen, endlich Thaler genannt wurden und einer der gebräuchlichsten Münzarten den Namen gegeben haben. König Ludwig aber gab seine Zustimmung nicht, obgleich sich der Markgraf Georg von Brandenburg für die Schlicks verwendete. Trotzdem prägten sie ungestört, bis am 25. Februar 1527 Ferdinand I. als König von Ungarn und Böhmen den Thron bestieg. Er richtete sofort sein Augenmerk auf eine Reform des böhmischen Münzwesens; besonders erregte sein Mifsfallen das Münzrecht der Schlicks, welches seiner Ansicht nach allein der Krone Böhmen zukam. Auf dem Landtage vom 16. April 1518 brachte er diese Angelegenheit zur Sprache. Graf Lorenz und Hieronymus Schlick, welche nach dem Tode des Grafen Stephan Schlick in der Schlacht bei Mohacs das Geschlecht vertraten, beriefen sich dem Könige gegenüber auf ihre Privilegien und Freiheiten; doch vergebens. Die Stände erklärten, sie hätten schon im Jahre 1520 ihre Genehmigung davon abhängig gemacht, dafs der König dabei keinen Schaden leide; da dieser jetzt die Münze für sich in Anspruch nehme, so bleibe ihnen nichts übrig, als ihren Landtagsbeschlufs vom Jahre 1520 aufzuheben und den Schlicks weiterhin die Ausübung des Münzrechtes zu verbieten. Demgegenüber suchten die Grafen Schlick den König durch Bitten für sich zu gewinnen, so dafs er ihnen das Münzrecht nicht entzog; in dem Vertrag vom 13. September 1528 wurde festgesetzt, dafs sie dasselbe nur in seinem Namen ausüben sollten. Aber trotzdem fühlten sie sich in ihren Rechten doch wesentlich verletzt und suchten sich bei jeder Gelegenheit schadlos zu halten. Dabei liefsen sie sich Übergriffe in königliche Rechte zu Schulden kommen, während andrerseits der König ängstlich auf die Wahrung seiner Rechte bedacht war. So kam es mehrfach zu Reibungen, wobei die königliche Kammer mit allen ihr zu Gebote stehenden Mitteln gegen die Schlicks vorging. Die Folge dieser unleidlichen Zustände war, dafs diese unter gewissen Bedingungen nicht nur ihr Anrecht auf die Joachimsthaler Münze an die Kammer zurückstellten, sondern auch die Bergwerke abtraten. Nur wenige Kuxe, der Zehnte und eine gewisse Gerechtigkeit auf Joachimsthal blieb ihnen. Diese nebst vielen anderen Besitzungen, Dörfern und Schlössern verloren sie im Jahre 1547 wegen ihrer Stellungnahme im Schmalkaldischen Kriege gegen König Ferdinand.

Es leuchtet ohne weiteres ein, dafs es in diesen Kämpfen um die Münze für die Grafen Schlick von gröfster Bedeutung gewesen wäre, ein Münzprivilegium aus früherer Zeit zu besitzen. In den Jahren von 1516 bis 1547 gab es zwei Augenblicke, wo ihnen ein solches besonders wertvoll gewesen wäre: im Jahre 1520, wo sie bei den Landständen und dem Könige den Versuch machten, das Münzprivilegium zu erhalten oder im Jahre 1528, wo der König in Verbindung mit dem Landtage ihnen dasselbe nehmen wollte. Wir setzen deshalb die Herstellung der Urkunde vom 30. August 1437 in eines dieser beiden Jahre.

Schlufswort.

Uneingeschränkt sollen dem grofsen Kanzler seine Verdienste um das Reich und die Herrscher, denen er diente, bleiben. Selbst wenn wir die Urkunden, in denen es ausgesprochen wird, für gefälscht halten, so wollen wir es doch gern glauben, dafs Sigmund dankbar seine treuen und fleifsigen Dienste anerkannt hat. In allen hochpolitischen Angelegenheiten jener Zeit hat er eine gewichtige Stimme gehabt; er hat die Heirat der Tochter Sigmunds, Elisabeth, mit Albrecht von Österreich zu stande gebracht, hat dessen Wahl zum ungarischen und böhmischen Könige durchgesetzt, er hat die Unterhandlungen mit dem Papste wegen der Kaiserkrönung geführt, er hat in der Hussitenfrage, in den Verhandlungen mit dem Baseler Konzil, in den Streitigkeiten des deutschen Ordens mit Polen eine grofse Rolle gespielt, — wahrlich Sigmund that keinen Fehlgriff, wenn er im Gegensatze zu allen seinen Vorgängern Kaspar Schlick zu seinem Kanzler machte, obgleich er ein Laie war, und seine Nachfolger zögerten nicht, entgegen dem herkömmlichen Gebrauche, ebenfalls diese tüchtige Kraft für sich zu gewinnen.

Aber leider konnte dieser aufsergewöhnliche Mann nicht der Versuchung widerstehen, von seiner Macht und seinem Einflusse einen unerlaubten Gebrauch zu machen, eine Versuchung, welche gerade die damalige Zeit besonders nahe legte. Seit Karl IV. war der Briefadel, die Verleihung des Adels durch Diplome, aufgekommen; mufste der strebsame Mann nicht sofort daran denken, dieses neue Verfahren zu benutzen, um der Begründer eines Adelshauses zu werden? Sein Ziel hat er erreicht, die Schlicks haben bis heute den Grafentitel getragen — jahrhundertelang im besten Glauben. Was der Kanzler auf dem Wege der Urkundenfälschung gewonnen hat, dessen haben sich viele seiner Nachkommen würdig gemacht, sei es, daſs sie in hohen Staatsämtern thätig gewesen sind, sei es, daſs sie auf dem Schlachtfelde die Treue zu ihrem Herrn mit dem Tode besiegelt haben.

Diese Thatsache wirft ein versöhnendes Licht auf den Schatten, welcher durch die vorliegende Untersuchung auf den Charakter des groſsen Kanzlers fallen muſs.

Zeitfracht Medien GmbH
Ferdinand-Jühlke-Straße 7
99095 Erfurt, Deutschland
produktsicherheit@kolibri360.de